AI 인공지능 GPT 이해와 활용

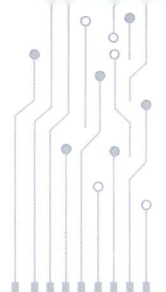

머리말

인공지능은 더 이상 미래의 기술이 아니다. 이미 우리 삶 곳곳에 깊숙이 자리잡아 우리의 생각과 행동 방식을 변화시키고 있다. 스마트폰의 음성 인식부터 자율주행 자동차 그리고 의료분야의 정밀한 진단 업무까지 인공지능(AI)는 우리 삶의 편리함을 증대하고 새로운 가능성을 열어가고 있다.

이 책은 인공지능(AI)의 눈부신 발전을 따라가며 GPT와 같은 대규모 언어 모델인 생성형AI를 이해하고 이를 효과적으로 활용하기 위한 방안과 사례에 대해 다루고 있다.

AI에 관심이 있는 일반 독자들부터 AI를 활용하고자 하는 기업관계자에 이르기까지 다양한 독자들에게 AI에 대한 이해를 돕고, 실제 활용 방안 제시를 목표로 한다. 특히, GPT와 같은 생성형 AI에 대해 개념과 사례 중심으로 구성하였다.

이 책은 크게 다음과 같은 내용으로 구성되어 있다.

- **일상에서 본 인공지능** : 우리의 일상 생활 속에서 인공지능은 어떤 모습으로 쓰여 왔으며 어떻게 발전되고 있는지를 소개한다. 주로 영화나 드라마에서 인공지능이 어떻게 등장하였고 가전제품에 어떻게 쓰여 왔는지를 공유한다.

- **인공지능의 발전과정**: 인공지능의 탄생부터 현재까지의 발전과정을 살펴보고 주요 쟁점과 미래 전망을 제시한다. 초기 어떻게 인공지능의 연구가 시작되고 IBM 왓슨, 알파고 그리고 ChatGPT의 발전까지 전반적인 내용을 다룬다.

- **인공지능의 개요** : 인공지능의 기본개념과 원리를 설명하고 다양한 인공지능 기술들을 소개한다. 인공지능과 자동화의 차이점을 알아보고, 여러 가지 인공지능의 개념과 용어들에 대해 다룬다.

- **일반AI 활용사례** : 우리 일상생활에서 접할 수 있는 다양한 AI활용 사례를 소개하고 그 의미를 분석한다.

- **기업AI 활용사례** : 기업들이 AI를 활용하여 경쟁력을 강화하고 새로운 비즈니스 모델을 창출하는 사례를 소개한다.

- **AI 시사점 및 도입방안** : 인공지능이 가져올 변화와 함께 우리가 직면하고 있는 문제점에 대해 고민해 보고 AI를 효과적으로 도입하기 위한 방안에 대해 모색한다.

인공지능이라는 거대한 변화의 물결속에서 우리의 위치를 파악하고, 미래 사회를 준비하는데 필요한 지식과 통찰력을 얻을 수 있도록 노력하였다.

인공지능은 우리 삶의 일부분이 되었으며 앞으로도 더욱 빠르게 발전할 것이다. 이 책을 통해 독자들이 인공지능에 대한 이해를 넓히고 미래사회를 주도적으로 이끌어 나갈 수 있는 능력을 기르는 데 조금이라도 도움이 되기를 기대한다.

차례

제1장_일상에서 본 인공지능
1. 영화로 본 인공지능 10
2. 가전으로 본 인공지능 35

제2장_인공지능 발전사
1. 인공지능 AI의 시작(1950년대) 52
2. 인공지능 기반(1970년대~) 55
3. IBM Watson(2007년) 60
4. 알파고(AlphaGo)(2016년) 65
5. 생성형 AI(2022년) 69
6. 온디바이스 AI(2023년) 75
7. ChatGPT-4o(2024년) 81

제3장_인공지능의 개요
1. 자동화와 인공지능(AI) 86
2. 분류형과 생성형AI 90
3. 머신러닝과 딥러닝 94
4. GPU(Graphic Process Unit) 99
5. 벡터 데이터베이스(Vector Database) 106
6. 생성형AI(Generative AI) 111
7. 할루시네이션(Hallucination) 114
8. 파인튜닝(Fine-Tuning) 117
9. 강화학습(RL, Reinforcement Learning) 121
10. RAG(Retrieval-Augmented Generation) 125
11. 프롬프트 엔지니어링(Prompt Engineering) 128

차례

제4장_일반 AI 활용 사례

1. GPT 주요 활용분야 132
2. 이미지 생성 및 활용 135
3. 어도비 AI 이미지 생성 139
4. Playground 이미지 생성 141
5. 마인드맵 생성 143
6. 프로그래밍 코드 생성 145
7. PDF AI 요약 147
8. PPT 파일을 만들어주는 AI 151
9. 음악을 만들어 주는 AI 154

제5장_기업 AI 활용 사례

1. SAP AI 코파일럿 줄(Joule) 158
2. 설비관리 AI 챗봇 161
3. 회사 규정 및 매뉴얼 서비스 AI 챗봇 163
4. AI 통역 서비스 167
5. 물류 서비스 및 리스크 대응 AI 활용 170
6. 인공지능AI 로봇 활용 172

제6장_AI 도입방안

1. 오픈AI가 바라보는 현재 수준평가 182
2. 저자가 평가하는 인공지능 수준 184
3. AI 거품론 187
4. AI 워싱(Washing) 191
5. AI 리스크와 대응방안 195
6. AI 도입 및 활용 199

제1장
일상에서 본 인공지능

1. 영화로 본 인공지능

가. 우주소년아톰 (1952~)

우주소년아톰은 '데카즈 오사무'의 대표적 작품으로 1952년부터 1968년까지 연재한 SF만화이고 원제는 '철완아톰'이다. 총 23권의 단행본으로 출간되었고 여러 차례에 걸쳐 애니메이션으로 제작되어 전세계적으로 많은 사랑을 받았다.

미국에서는 'ASTRO BOY'라는 이름으로 소개되었으며, 21세기를 배경으로 원자력 에너지를 동력으로 인간과 동일한 감정을 가진 소년 로봇으로 등장한다.

천재과학자 '텐마'박사의 아들인 '텐마 토비오'가 사고로 사망하게 되자, 아들의 모습과 비슷한 외형의 '아톰'을 만든다. 하지만, '텐마'박사는 '아톰'이 친아들처럼 성장하지 않는다고 아톰을 구박한다. 박사에게 구박받던 아톰은 서커스단에 팔리게 되면서 어려움을 겪게 된다. 이후 '텐마'박사의 후임인 '오챠노미즈'박사의 도움으로 새로운 삶을 살게 된다.

아톰은 엄청난 힘 그리고 날아다닐 수 있고 레이저를 쏘는 등 다양한 능력을 가지고 있으며 또한 착한 마음을 가지고 있기에 나쁜 일이 생기면 몸을 아끼지 않고 불의와 싸운다.

[그림 1-1] 우주소년 아톰

흥미로운 점은 1950년대 인공지능의 개념이 제대로 부각되지 않을 시절에 사람과 똑같이 생각하고 감정을 지닌 로봇을 주인공으로 SF만화를 그렸다는 것이 매우 놀랍다. 아톰은 현재의 인공지능과 로봇 기술의 기반을 제시한 애니메이션으로 평가 받고 있다.

아톰은 인공지능과 로봇 기술이 발전하는 데 있어 중요한 영향을 미쳤다. 아톰을 통해 사람들은 로봇이 단순한 도구가 아니라 인간과 함께 살아가는 동반자가 될 수 있다는 가능성도 엿볼 수 있다.

아톰은 단순히 기술적인 발전만을 보여주는 것이 아니라, 인간과 로봇의 공존에 대한 깊은 성찰을 담고 있다. 아톰은 인간 사회에서 차별과 편견을 경험하며, 로봇이란 존재에 대한 의미를 끊임없이 고민하기도 한다. 이러한 아톰의 모습은 현대 사회에서 인공지능과 로봇 기술의 발전과 함께 제기되는 윤리적, 사회적 문제에 대한 중요한 시사점을 던진다.

우주소년 아톰은 단순한 만화를 넘어, 미래 사회를 예측하고 인간과 기술의 관계에 대한 깊은 통찰을 제공하는 작품이다. 아톰이 우리에게 남긴 메시지는 오늘날에도 여전히 유효하며, 앞으로 다가올 인공지능 시대를 살아가는 우리에게 많은 영감을 주는 만화이다.

나. 스타워즈 (1977)

스타워즈는 단순한 공상과학 영화를 넘어, 인공지능과 로봇 기술의 발전에 대한 흥미로운 통찰을 제공하였다. 특히, 'C-3PO'와 'R2-D2'는 시리즈 전반에 걸쳐 등장하며 관객들에게 친숙한 로봇 캐릭터로 자리매김했다.

'C-3PO'는 인간과 유사한 외형을 지니고 있으며, 600만 개 이상의 언어를 구사하는 언어학 전문가로 등장한다. 외교적인 면모와 예절에 능통하여 인간 사회에서 매끄럽게 소통하고 관계를 형성하는 모습을 보여준다. 이는 현실 세계에서 발전하고 있는 인공지능 챗봇, 인공지능 비서의 모습을 미리 보여주고 있다.

'R2-D2'는 작고 귀여운 외형과 달리 다양한 기능을 수행하는 만능 로봇이다. 수리, 통신, 데이터 분석 등 다양한 능력을 가지고 있어, 주인공들에게 조력자로서의 역할을 충실히 수행한다. 'R2-D2'는 현실 세계에서 개발되고 있는 다양한 로봇 기술들인 자율주행, 인공지능 비전 등을 현실적이고, 종합적으로 보여주는 캐릭터로 평가된다.

[그림 1-2] 스타워즈 C3PO(좌)와 R2D2(우)

1970년대에 제작된 스타워즈에서 등장하는 C-3PO와 R2-D2는 당시의 기술 수준으로는 상상하기 어려운 존재였다. 특히, C-3PO의 뛰어난 언어 능력과 R2-D2의 다양한 기능은 그 당시의 기술로는 구현하기 어려웠다.

시간이 흐르면서 인공지능 기술이 발전되면서, 스타워즈에 등장하는 로봇과 현실 로봇의 격차는 점차 좁혀지고 있다. 예를 들어, 인공지능 기술의 발전으로 인해 번역의 정확도가 높아지면서 C-3PO처럼 다양한 언어를 구사할 수 있는 인공지능 모델들이 등장 하였으며 로봇 공학의 발전으로 R2-D2처럼 다양한 작업을 수행할 수 있는 로봇들이 개발되고 있다.

스타워즈는 당대의 기술을 반영한 것이 아니라, 미래 기술에 대한 상상력을 담고 있다. C-3PO와 R2-D2는 단순한 기계가 아니라, 인간과 함께 살아가는 동반자로서의 로봇을 보여준다. 이러한 상상력은 현실 세계의 연구자들에게 영감을 주었으며, 인공지능과 로봇 기술의 발전을 이끌었다.

스타워즈는 엔터테인먼트를 넘어, 인공지능과 로봇 기술의 발전에 대한 흥미로운 통찰을 제공하였다. C-3PO와 R2-D2는 영화 속 캐릭터를 넘어, 미래 기술의 가능성을 보여주는 상징적인 존재이다. 스타워즈는 인공지능과 로봇 기술이 우리의 삶을 어떻게 변화시킬 수 있을지 상상해 볼 수 있는 중요한 영화로 평가된다.

다. 전격Z작전 (1982 ~ 1985)

1980년대, 인공지능이라는 개념이 대중들에게 널리 알려지기 시작하면서 많은 SF 작품들이 탄생하게 되는데 그 중에서 '전격 Z작전'은 인공지능 자동차 '키트'를 통해 미래 사회의 모습을 생생하게 그려내며 큰 인기를 얻었던 드라마이다.

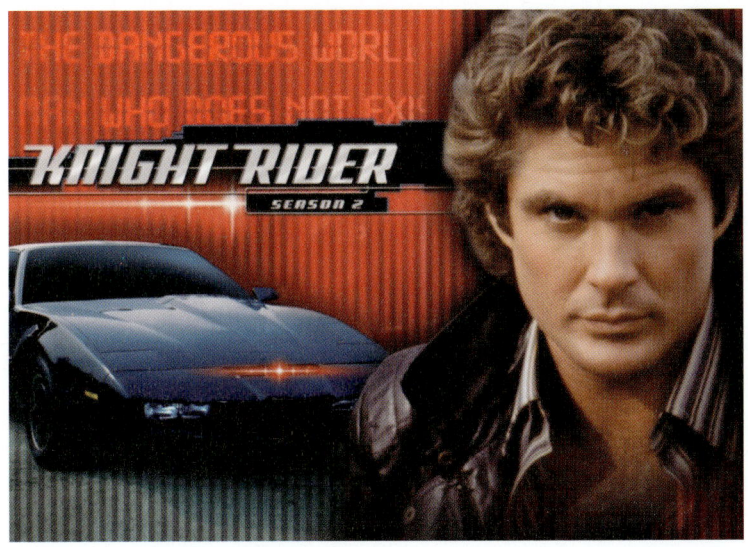

blog.naver.com/hcarolin/223191292149

[그림 1-3] 전격Z작전 (1982~1986 미국방영)

주인공 마이클 나이트와 인공지능 자동차 키트의 콤비는 당시 시청자들에게 강렬한 인상을 남겼다. 이 드라마가 인기를 얻고 있을 당시 해당 자동차의 모습과 형태를 모방하기 위해 외관을 튜닝을 하는 사례도 상당히 많았다.

blog.naver.com/hcarolin/223191292149

[그림 1-4] 전격Z작전 (1982~1986 미국방영)

키트는 다음과 같은 기능들을 통해 인공지능의 가능성을 제시하였다.

- **자율주행**: 키트는 마이클의 음성 명령에 따라 자율주행으로 이동하며, 위험한 상황에서도 스스로 판단하고 대처할 수 있는 능력을 보여주었다.
- **인공지능 비서**: 키트는 주인공 마이클에게 필요한 정보를 제공하고, 다양한 작업을 수행하는 등 인공지능 비서의 역할을 수행한다.
- **감정 표현**: 단순한 기계가 아니라, 마이클과 교감하고 우정을 나누는 인격체로서 등장한다.

[그림 1-5] 차량(키트) 연락하기 위한 시계형 송수신기 (키트 도와줘~)

하지만, '키트'와 같은 완벽한 자율주행 자동차를 현실에서 구현하기 위해서는 다음과 같은 기술적 난제 또한 해결할 필요가 있다.

- **복잡한 도로 환경 인식**: 다양한 도로 환경과 예측 불가능한 상황에 대한 정확한 인식
- **고성능 컴퓨팅**: 실시간의 빅데이터를 처리하고 판단하기 위한 고성능 컴퓨팅 기술
- **안전성 확보**: 예기치 못한 상황에 대한 안전한 대처를 위한 기술 개발

테슬라를 비롯한 많은 자동차 브랜드들이 자율주행 기술 개발에 힘쓰고 있으며, 머지않아 우리는 키트와 같은 지능형 자동차를 현실에서 만나볼 수 있을 것으로 기대한다.

전격 Z작전은 단순한 엔터테인먼트를 넘어, 인공지능과 자동차 기술의 발전에 대한 긍정적인 영향을 미쳤다. 많은 사람들에게 인공지능에 대한 관심을 불러일으켰으며, 미래 사회에 대한 새로운 비전을 제시하였다.

라. 터미네이터2 (1991)

터미네이터 시리즈 중 터미네이트2는 미래 인공지능 시스템 스카이넷이 인류를 말살하기 위해 과거로 보낸 암살 로봇 T-1000과 인간 저항군의 지도자인 존 코너를 보호하는 T-800의 싸움을 그린 영화이다.

존 코너를 보호하는 T-800의 경우에는 기계적인 형태의 로봇으로 사람과 외형이 동일하며 기계적인 특징을 가지는 로봇이다. 인간의 감정을 이해하고 학습하며 다양한 등장 인물들과 관계에서 인간성을 발휘한다.

암살 로봇인 T-1000은 유연한 액체의 고분자 형태의 로봇으로 언제든지 원하는 다양한 사람이나 사물의 형태로 변화를 할 수 있으며 매우 강력한 학습 능력과 스카이넷의 명령에 지독할 정도로 충실하게 따르는 냉혹한 로봇으로 등장한다.

blog.naver.com/yessok104/220407471808

[그림 1-6] 테미네이트2 영화 (좌: T-800, 우: T-1000)

이 영화는 두 로봇의 상호 이중적인 면을 부각함으로써 인공지능과 로봇에 대한 윤리문제와 위험성에 대한 논쟁을 불러일으켰다.

인간의 통제하에 인공지능과 로봇을 활용하는 상황에서는 인간이 어떤 의도를 가지느냐에 따라 인공지능과 로봇을 통해 도움을 받을 수도 있고 거꾸로 이로 인해 많은 피해를 받을 수도 있다. 이 모든 것들은 인간이 어떤 판단을 하느냐에 따라 달라질 수 있다.

만약, 인공지능과 로봇들이 스스로 생각하고 스스로 판단할 수 있는 독립적인 존재가 된다고 상상해 보자. 인공지능의 능력이 인간보다 훨씬 더 월등하다면 스스로 생존하기 위해 영화처럼 인간들을 제거하기 위한 터미네이터와 같은 로봇이 실제로 등장할 수도 있을 것이다.

이 영화를 통해 향후 스스로 생각하고 판단하는 자율형 로봇에 대한 윤리나 통제, 보안 등의 다양한 문제들이 제기되었고 로봇의 연구에도 많은 영향을 미쳤을 것으로 예상할 수 있다.

마. 아이언맨 (2008)

아이언맨에 등장하는 인공지능 '자비스'는 2008년 아이언맨1에서부터 등장한다. '자비스'는 '토니 스타크'가 직접 개발한 인공지능 시스템으로 토니의 일상업무부터 아이언맨의 제작 및 관리업무 등 대부분의 개인비서 역할을 수행하며 단순한 비서 역할을 넘어 인간적인 감정까지 이해하고 공감한다.

'자비스'는 인간의 언어를 이해하고 대화할 수 있으며 스스로 학습하고 자신의 능력을 향상시킬 수 있고, 논리적 사고와 추론 능력과 창의적인 아이디어를 제시하는 다재다능한 모습을 보여준다.

지금까지와 영화와 다른 특징이라면, 뚜렷한 형체가 없다는 점이다. 물리적으로 만질 수 있는 하드웨어가 존재하지 않는다. 홀로그램 같은 개념의 존재도 아니고, 소리만으로 존재한다는 것이다.

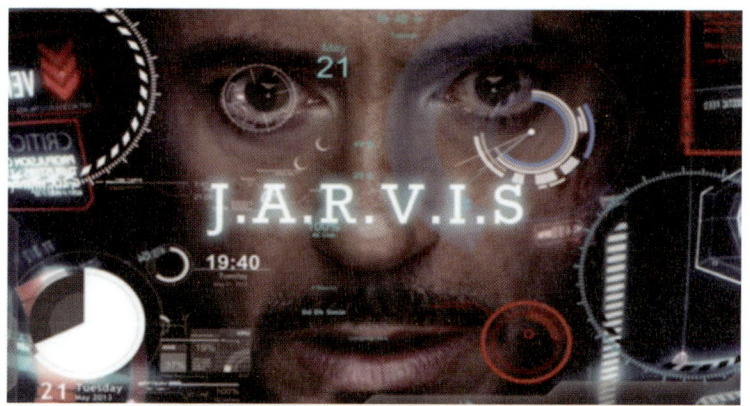

blog.naver.com/kaita12/223223341395

blog.naver.com/jsml17/220714436544

[그림 1-7] 아이언맨 자비스 관련 이미지

자비스가 형체가 없다는 점은 단점이 아니라 오히려 장점으로 부각된다. 인터넷 네트워크를 통해 언제 어디서나 존재할 수 있기 때문이다. 네트워크로 연결된 세상 모든 곳에 존재할 수 있으며, 어떠한 장비도 제어할 수 있는 더 광범위하며 시공간에 제약을 받지 않는 궁극이고 확장된 인공지능 모델로도 평가할 수 있다.

클라우드 서비스를 기반으로 인터넷을 통해 언제 어디서나 함께할 수 있는 오픈AI의 Chat GPT나 Google의 Gemini 등의 생성형 인공지능(AI) 서비스 개념과도 비슷한 느낌이다.

아마도, 생성형AI 개발자들이 아이언맨 영화의 자비스를 적극적으로 벤치마킹하였기 때문이 아닐까 생각된다.

바. Her(그녀) (2013)

영화 'Her'는 2013년 개봉된 SF 로맨틱 영화이다. 주인공은 2020년대를 배경으로 다른 사람들의 연애편지를 대신 써주는 외로운 작가로 등장한다. 어느날 주인공은 인공지능 운영체제인 '사만다'를 구입하고 그녀와 사랑에 빠지면서 겪게 되는 내용이다.

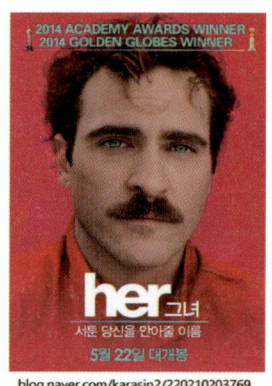

[그림 1-8] her 영화 포스터 및 인공지능 사만다 접속 모습

영화의 시대 배경이 공교롭게도 ChatGPT 등의 생성형AI가 대중에게 발표되고 이슈화된 시기와도 일치한다는 것이 신기하다.

이 영화는 지금까지의 영화들과는 다르게 '인공지능(AI)와 인간의 사랑'이라는 독창적인 스토리를 다룬다. 처음 주인공은 인공지능과의 사랑이 불가능하다고 생각하지만, 점차 인공지능 '사만다'와의 지속적인 대화와 교감을 통해 진정한 사랑으로 느낀다.

영화에서 주인공과 인공지능 '사만다'와 의사소통 방법도 매우 다양하다. 기본적으로 컴퓨터, 스마트폰 등을 통해 음성으로 대화를 한다. 또한, 짧은 텍스트 메시지를 통해 의사소통을 하기도 한다.

때로는 가상현실 장치를 통해 손을 잡거나 터치하기도 하며, 카메라 렌즈를 통해 현실세계를 함께 실시간으로 공유하는 등 보다 적극적이고 직접적인 방법으로 상호 의사소통하며 감정을 공유한다.

영화가 진행되면서 인공지능 '사만다'가 주인공만을 위한 인공지능이 아니라는 점에서 주인공이 절망하게 된다. '사만다'가 동시에 수 천명의 사람들과 대화를 하며 각각 개인화된 관계를 유지할 수 있다는 점에 주인공은 혼란스러워 한다.

이 영화는 인공지능이 단순한 도구나 기계가 아닌 감정을 느끼고 사랑을 할 수 있는 존재로 발전할 수 있다는 가능성을 제시하고 있다. 동시에 인공지능과의 사랑에 대한 윤리적 딜레마를 제기하게 되는 영화로 평가된다.

사. 원더랜드 (2024)

영화 '원더랜드(Wonder Land)'는 인공지능 기술을 통해 사후 세계를 만들고 현실 세계와의 연결을 다룬 영화로서 인공지능의 다양한 활용과 윤리적인 문제 그리고 인간과 인공지능과의 관계 설정에 대한 새로운 시각을 제시하는 영화이다.

원더랜드는 간단히 말해 죽은 사람의 기억과 생체 정보를 가상현실 시스템으로 이전하여 죽은 사람들이 살아가는 공간이다. 사람이 사망하기 전의 모든 기억과 감정 등을 데이터화하여 이전하고 '원더랜드' 라는 공간에서 실제 살아있는 것처럼 생활한다.

원더랜드에 살고 있는 사람은 자신이 죽었다는 것을 인지하지 못한다. 즉, 살아 있을 때와 동일하게 여러 사람들과 어울려 함께 생활한다.

이를 기술적으로 구현하려면 메타버스 개념의 현실 세계와 동일한 가상세계가 구성되어야 한다. 그리고 여기에 생활하는 사람들은 각각의 독립된 인공지능 개념으로 독립적으로 존재해야 한다. 각 인공지능은 가상세계에서 마치 살아있는 것과 동일하게 생각하고 행동하고 상호 교류할 수 있어야 한다.

[그림 1-9] 원더랜드 포스터

또한, 원더랜드는 가상세계의 생활에 국한되지 않는다. 스마트폰 등의 모바일 디바이스로 실제 살아있는 현실의 사람들과 직접 소통하고 감정을 공유한다는 점이 놀랍다. 죽은 사람과 언제든지 연락하고, 모든 것들을 공유할 수 있다는 뜻이다.

blog.naver.com/kimshooshoo/223472704116

[그림 1-10] 원더랜드 영화 이미지

앞으로 기술이 발전하면서 자신이 죽어도 가상세계(원더랜드)에서 지금과 같이 동일하게 살아있을 수 있다는 기대감과 우려감을 동시에 던지는 영화라 할 수 있다.

조금 씁쓸했던 점이라면 '원더랜드'라는 가상세계에서도 돈의 힘이 존재한다는 것이다.

원더랜드에 살고 있는 20대에 남학생이 영국으로 유학을 가서 생활하는 것으로 등장한다. 남학생은 피아노를 사야 한다며 현실세계에 있는 어머니에게 돈을 보내달라고 요구한다.

그 어머니는 경제적으로 어려운 상황이지만 죽은 아들의 행복을 위해 일종의 돈(이모티콘)을 구매하여 보내 준다. 그런데 그 죽은 아들은 피아노도 모자라 좋은 차를 사야 한다며 현실세계에 있는 어머니에게 돈을 보내달라며 지속적으로 독촉을 하게 된다.

결국, 어머니는 죽은 아들의 잘못된 행동으로 괴로워한다. 결국 어머니는 아들의 원더랜드 계정을 삭제하는 어려운 결정을 하고 만다.

이 영화에서는 또 다른 주인공인 식물인간 상태의 주인공 '박보검'이 등장한다. 실제 어떤 사고로 인해 식물인간으로 병실에 입원해 있었지만, '원더랜드' 가상공간에서는 우주정거장에서 생활하며 여자 주인공인 '수지'와 실시간으로 일상을 공유하며 행복하게 보낸다.

그런데 식물인간이었던 주인공 박보검이 깨어나면서부터 문제가 발생한다. 실제 현실의 '박보검'과 '원더랜드' 가상공간에서의 '박보검' 두 사람 사이에서 고민하고 갈등하게 된다.

'원더랜드'는 인공지능 그리고 가상현실 개념을 통해 인간에게 위로와 지지, 새로운 경험을 제공할 수 있다는 가능성을 보여준다. 그리고 이로 인한 혼란과 갈등, 사랑의 의미에 대해 다시 생각해 볼 수 있는 시사점을 던져 준 영화로 평가된다.

2. 가전으로 본 인공지능

가. 선풍기(1990년대~)

선풍기는 저자가 '인공지능'이라는 단어를 생활 속에서 처음 접한 가전이다. 지금은 에어컨이 대중화되어 어디를 가더라도 쾌적하고 시원한 실내에서 생활할 수 있지만 1990년대만 하더라도 '선풍기'가 최고의 여름 가전이었다.

이 시대의 선풍기들은 소비자들의 선택을 받기 위해 다양하고 독창적인 편의 기능을 탑재하였다. 리모콘 기능을 제공하기도 하고, 전자모기향을 피울 수 있도록 설계된 제품도 있었다. 실제 자연 바람과 유사하게 바람을 제공하는 제품들도 있었고, 시원한 느낌을 강화하기 위해 바다소리(갈매기 등) 등 소리로 특화한 제품들도 등장하였다.

그리고 인공지능을 적용한 선풍기도 이 무렵 등장한다. 지금의 인공지능 개념으로 보면 '이게 무슨 인공지능이야?' 라는 의문을 가질 수 있겠지만 그 당시로서는 다른 제품과의 차별화를 위해 나름의 인공지능 알고리즘을 적극 채용한 것이다.

그 당시 선풍기의 정확한 인공지능 원리를 확인하기는 어렵지만 아마도 '퍼지(Puzzy)이론'에 기반한 인공지능을 도입한 것으로 추측된다.

[그림 1-11] 인공지능 기능이 탑재된 선풍기
(전자모기향 하단 인공지능 버튼)

퍼지이론은 불확실하고 애매한 상황에서 논리적이고 합리적인 최적의 판단을 내릴 수 있는 인공지능 이론이다. 예를 들면 현재의 온도, 습도, 현재시간, 밝기 등 여러 가지 고려해야 할 요소들에 대해 각각 적절한 선풍기의 출력 범위를 정하고 현재 상황에 맞는 중첩되고 가장 적절한 결과값을 계산하여 선풍기 바람의 세기를 자동으로 변경한다고 이해하면 쉽다.

퍼지이론은 온도를 '매우 덥다', '덥다', '적당하다', '서늘하다' 등의 퍼지집합으로 표현한다. 습도의 경우에도 '매우 습하다', 습하다', '보통이다', '건조하다' 등의 형태로 표현한다. 시간 역시 '새벽', 아침', '낮', '저녁', '밤' 등으로 표현하며 주위밝기도 '매우 어둡다', '어둡다', '밝다' 등으로 표현한다.

만약, 온도가 매우 덥고 습도가 높다면 '강한바람'으로 작동할 수 있도록 기준이 설정된다. 온도가 적당하고 습도가 보통이며 낮시간이라면 '약한바람'으로 작동하도록 인공지능이 자체적으로 판단하고 운영되는 것이다.

나. 세탁기(1990년대~)

세탁기는 일년 내내 사용해야 하는 필수적 가전제품이다. 주로 여름에만 국한되어 사용하는 선풍기보다 이용 빈도와 활용도가 매우 높은 가전제품이라 할 수 있다.

1990년대부터 세탁기도 경쟁에서 우위를 선점하기 위해 인공지능 기능 등 당시로서는 첨단기능을 탑재한 제품들이 앞다투어 출시되었다.

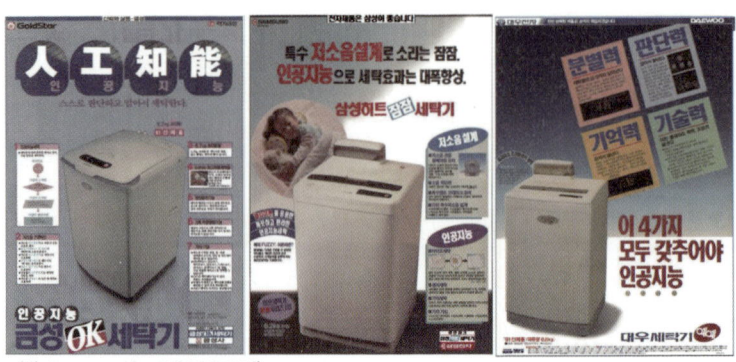

출처: blog.naver.com/rfkang49/220912298580 외

[그림 1-12] 90년대 인공지능 적용 세탁기 광고

세탁기는 투입되는 옷의 형태나 무게가 일정하지 않고 매번 투입되는 세탁물의 양이 다르기 때문에 사용자들은 어림짐작으로 세탁모드, 세탁시간 등을 직접 수동으로 설정해야 했는데 불편할 뿐만 아니라 시간과 전기, 물 등이 낭비되는 경우가 많았다.

인공지능이 탑재된 세탁기도 선풍기와 마찬가지로 퍼지이론에 기반하여 세탁물의 형태나 무게를 자동으로 인식하고 외부 온도, 물의 온도, 현재시간 등을 종합적으로 판단하여 최적의 세탁코스, 세탁시간, 적절한 물의 양, 세제와 유연제의 투입량 등을 자동으로 계산하고 세탁할 수 있는 기능을 주로 탑재한 것으로 파악된다.

추운 날에는 옷감이 상하지 않도록 탈수시간을 짧게 조정하고 심야 시간대에는 세탁기의 소음을 최소화하기 위해 모터의 강도나 속도 등을 조정하여 다른 세대에 피해가 되지 않도록 처리할 수도 있었을 것이다.

또한, 세탁물의 이미지를 인식 분석하여 최적의 세탁 모드를 결정할 수도 있고, 세탁하면서 나오는 폐수의 성분으로 세탁물의 재질이나 오염도 등을 더욱 정교하게 파악하여 훨씬 더 효율적이고 안전한 세탁도 가능할 것이다.

최근에 나오는 세탁기를 포함한 모든 가전들은 스마트폰을 통해 원격으로 작업을 지시하고 진행사항을 모니터링 할 수 있다. 또한, 고장을 스스로 진단하고 적절한 조치도 자동으로 할 수 있는 제품들도 등장한다.

다. 에어컨(2018년~)

에어컨의 인공지능 적용은 다른 가전에 비해서 조금 늦다. 아마도 선풍기처럼 여름에만 사용되는 특성과 부가적인 기능 보다 냉방 능력이 더욱 중요시 되는 가전이기 때문일 것이다.

2018년경부터 음성인식 기능과 최적의 온습도 및 풍향, 바람 세기, 사용자의 위치나 혼잡도 등을 종합적으로 파악하여 적절하고 쾌적한 냉방 환경을 제공하면서도 전기료를 절감할 수 있는 인공지능(AI) 에어컨이 출시되기 시작한다.

[그림 1-13] 삼성 에어컨 인공지능 탑재 기능 소개

에어컨도 선풍기나 세탁기와 비슷하게 퍼지이론에 기반한 인공지능 기술이 활용된 것으로 추정된다. 현재의 온도와 습도가 얼마인지, 근처에 사람이 몇 명이 있고 어느 위치에 주로 있는지를 센서를 통해 파악하고 최적화하는 방식이다.

TV, 세탁기, 냉장고, 에어컨 등 집안의 모든 가전제품은 하나의 네트워크로 통합되어 스마트폰 하나로 모든 가전을 통합하여 조작할 수 있다. 그리고 최신 업그레이드가 쉽게 가능하다.

[그림 1-14] LG 에어컨 인공지능 모드 설정

이 무렵부터 리모콘에서 버튼 대신에 음성으로 각종 조작을 할 수 있는 음성인식 기능들이 채용되었다. 초기에는 인식률이 좋지 않아 외면을 받는 경우가 많았지만 점차 그 성능이 좋아지면서 효용성과 활용성이 점차 증가되고 있다.

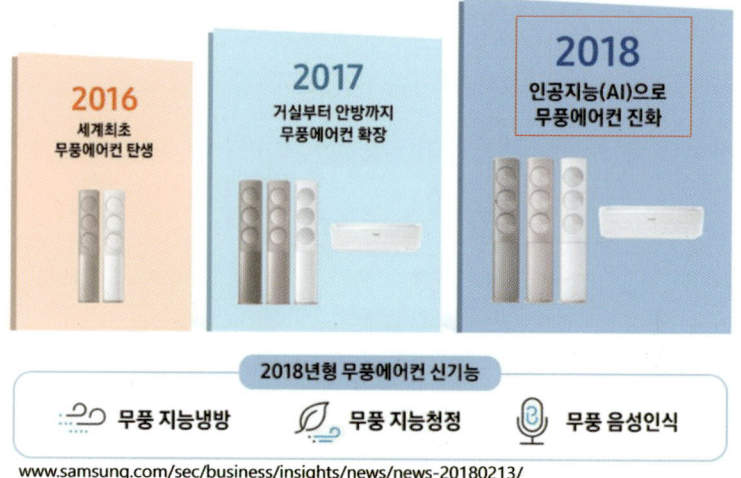

[그림 1-15] 삼성 에어컨의 발전

라. AI 스피커(2015년~)

2010년경 아마존을 비롯한 국내외 통신사들이 AI 스피커 신제품을 경쟁적으로 출시한다.

AI스피커는 그 동안 키보드 입력을 통해 음악을 듣거나 정보를 확인하던 방식에서 벗어나 사람의 음성을 알아 듣고 그 결과도 음성 등으로 피드백이 가능한 장비이다.

blog.naver.com/dicagallery/222639174907
[그림 1-16] 다양한 AI 스피커 모델

2015년 아마존은 '알렉사' AI스피커 제품을 처음 출시하였고, 국내에서는 2016년에 SK텔레콤에서 'NUGU'라는 브랜드로 AI스피커를 출시한다. 이후 국내외 수많은 통신사와 IT전문 기업들이 다양하고 차별화된 형태의 AI 스피커 제품들을 속속 발표하게 된다.

AI스피커는 비교적 간단한 음성명령으로 원하는 뉴스, 음악, 일기예보 등을 알려 주고, TV등과 연계하여 원하는 채널이나 영화 등을 보여 줄 수 있다. 또한, 사용자가 원하는 시간에 잠을 깨우거나 간단한 음성을 통한 단어게임을 할 수도 있었다.

하지만, 당시 AI스피커는 엄밀히 말하면 인공지능(AI)가 아니라 미리 정해진 시나리오 기반의 프로그램에 의해 명령이 수행되는 형태였다. 미리 지정된 명령어나 시나리오에 맞는 형태의 음성들은 제대로 인식할 수 있었지만 조금만 다른 형태나 상황이 되면 제대로 동작하지 못하는 문제점을 가지고 있었다.

음성 인식률 또한 문제가 있었는데 부정확한 음성, 소음이 많은 환경에서는 음성 명령을 제대로 인식하지 못했다.

이후, 스마트폰의 보급이 대중화되면서 AI 스피커 대부분의 기능들이 스마트폰으로 흡수되고 AI 스피커는 점차 우리 주위에서 자취를 감추게 된다.

마. 로봇청소기(2020년~)

여러 가전 제품들 중에서 인공지능의 기능이 총 망라되어 있는 가전 하나를 뽑으라면 단연 '로봇청소기'가 아닐까 싶다. 초기의 로봇청소기들은 다음의 문제점들로 인해 활용도가 떨어져 고가의 애물단지로 취급되기도 하였다.

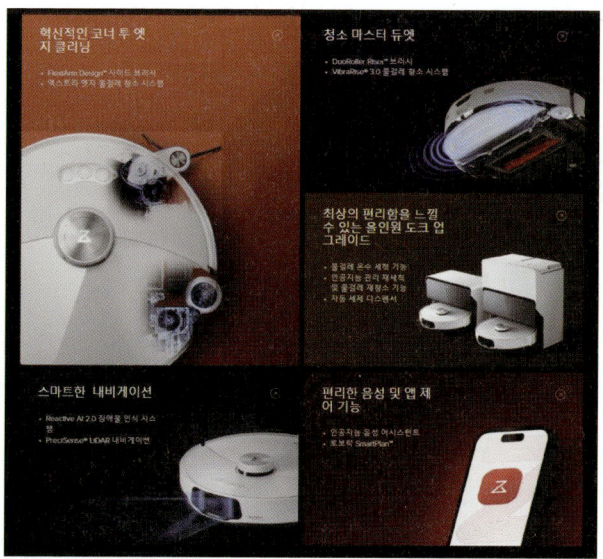

[그림 1-17] 로봇청소기 예시

〈 과거 로봇청소기 주요 문제점 〉

- 계단 등 높은 곳에서 추락
- 위치 인식이 어려워 특정 장소 청소 누락, 중복 청소
- 장애물을 제대로 회피하지 못해 청소 중단
- 화장실, 현관 등 청소가 불필요한 영역을 청소하는 문제
- 배터리 용량 부족으로 성능 및 실행시간 짧음
- 동물 배설물 등 오염물 인식이 되지 않아 청소사고 발생

위의 문제들은 개발업체들의 적극적인 노력과 인공지능(AI)의 활용으로 빠르게 해결되면서 점차 효과와 만족도가 높은 핵심 가전으로 부상하고 있다.

[그림 1-18] 로봇청소기 Map 자동 생성 및 배설물 회피 기능 예시

최근에 판매되는 로봇청소기들은 고성능 위치 센서인 라이다, 이미지센서 채용과 인공지능 등의 기술들을 적극적으로 적용 도입함으로써 보다 정밀한 지도 작성과 위치 인식이 가능하게 되었다.

하지만, 아직까지도 완벽히 해결하지 못한 문제가 있다.

애완동물이 있는 가정에서 사용할 경우, 애완동물의 배설물을 로봇청소기가 제대로 청소하지 못해 오염물질(배설물)을 오히려 오염시키는 문제가 바로 그것이다.

이러한 문제점들을 3D 이미지 센서, 냄새를 인식하는 센서 등 다양한 방법들을 동원해 오염물(배설물)을 회피하도록 하고 있으나 지금의 기술로는 완벽하다고 장담하기 어렵다.

이 때문에 사람이 지속적으로 주의를 기울여야 하는 상황이기는 하지만 이러한 문제도 머지 않아 반드시 해결될 것으로 기대한다.

〈 인공지능 및 고성능 로봇 적용 사례 〉

- 고성능 센서를 통해 정밀한 위치인식 가능 (청소기가 내부 지도 제작 활용)(상세한 맵을 활용하여 효율적이고 꼼꼼한 청소 가능)
- 화장실, 현관 등 청소 불가 지역 사용자 설정 가능
- 높이 등을 인식하여 청소 불가능한 지역 인식
- 고성능 배터리 채용 및 위치 인식을 통해 자동 충전 기능 제공
- 이미지 및 냄새 센서 등을 통한 동물 배설물 등 오염물질 회피

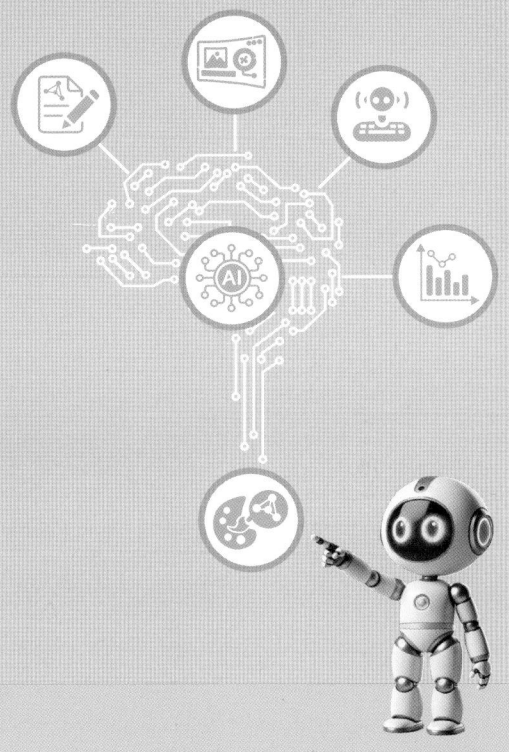

제2장
인공지능 발전사

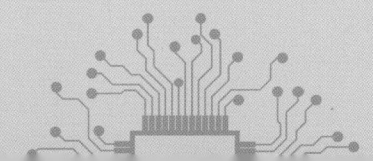

1. 인공지능 AI의 시작(1950년대)

인공지능의 첫 시작은 1950년대로 거슬러 올라간다. 1950년대에는 컴퓨터를 활용하여 대량의 데이터를 빠르고 정확하게 계산해 내는 것도 어려웠을 시절이었지만, 인공지능 선구자들은 컴퓨터가 스스로 사물을 인식하고 행동할 수 있는 인공지능(AI)에 대해 고민하고 연구하기 시작한다.

'프랑크 로젠블라트'라는 미국심리학자는 '퍼셉트론'이라는 인공신경망 모델을 구상한다.

'퍼셉트론'은 인간의 뇌에서 영감을 얻은 간단한 신경망 모델로서 입력신호를 선형적으로 가중합하고 이를 활성화 함수를 통해 결과를 도출하는 구조이다.

'퍼셉트론' 인공신경망 모델을 검증하기 위해 남자와 여자의 얼굴을 구분하는 시스템을 개발하였는데 다음과 같은 방식으로 작동하였다.

1) 사진으로부터 얼굴 이미지를 입력한다.
2) 시스템은 얼굴 이미지에서 눈, 코, 입 등의 특징을 추출한다.
3) 추출된 특징들을 가중치와 함께 선형적으로 가중합산한다.
4) 시스템은 가중합 값을 활성화 함수에 적용하여 출력 신호를 생성한다.
5) 출력신호가 특정 임계값을 초과하면 '남자' 그렇지 않으면 '여자'라고 판단한다.

[그림 2-1] 퍼셉트론을 이용한 인공지능 테스트 장면

테스트 결과, 사용된 데이터, 성별의 편향성, 시스템의 성능문제 등으로 인해 한계가 있기는 했지만 당시로서는 높은 정확도와 성능을 보여주었다.

이 시스템은 인공신경망 모델이 실제 현실의 문제 해결에 활용될 수 있다는 가능성을 보여준 사례로서 이후 인공지능 연구의 기반을 마련하는 등 인공지능 관련 개념을 정의하고 발전하는데 지대한 영향을 미쳤다.

2. 인공지능 기반(1970년대~)

저자는 작년에 IT관련 강의를 들었는데 강의하시는 분은 1990년대에 유명 대학에서 번역소프트웨어를 연구하는 박사과정 학생이었다고 했다. 하지만 그 당시의 기술과 컴퓨터 성능으로는 해당 연구를 하는데 많은 어려움이 있었다고 했다.

번역소프트웨어는 수많은 경우와 상황들을 고려해야 하는데 그 당시의 시스템의 성능이 뒷받침되지 않아 연구를 중단하고 다른 방향으로 전환할 수 밖에 없었다고 하였다.

현재와 같이 고성능 CPU, GPU 그리고 대용량 메모리, 초고속 네트워크 등 첨단 IT인프라와 클라우드 서비스들이 그 당시에 존재했었다면 아마도 포기하지 않고 성공적으로 연구를 마쳤을 것이라는 얘기도 덧붙였다.

1970년대부터 1990년대까지의 컴퓨터 처리속도는 인공지능과 같이 복잡하고 어려운 문제를 해결하기에는 많은 한계가 있었던 시기였다. 당시의 컴퓨터 시스템들은 일반사용자가 접근하기도 어려웠고 현재의 IT시스템 성능과 비교해 보면 매우 낮은 성능의 시스템들이었다.

www.dogdrip.net/480320745 (PDP-11)

[그림 2-2] 1970년대 PDP-11 16비트 미니컴퓨터 시스템

즉, 당시의 컴퓨터 시스템들은 매우 비싼데다가 낮은 성능, 작은 메모리와 적은 용량의 스토리지 등의 한계 때문에 인공지능(AI) 등 매우 복잡하고 어려운 문제를 다루기에는 턱없이 부족한 상황이었다.

< 2002년 도입된 슈퍼컴퓨터 >

n.news.naver.com/mnews/article/138/0001973422 (디지털데일리 2010.11.18)

[그림 2-3] 2002년 국내 KISTI에 도입된 슈퍼컴퓨터 3호기

1990년대를 지나면서 컴퓨팅 성능이 비약적으로 발전하였고, 컴퓨터들이 인터넷 네트워크로 통합되면서 분산되어 있는 IT 자원을 효율적으로 활용할 수 있는 인프라가 만들어진다. 이렇게 통합된 고성능 인프라 덕분에 지금까지 구현에 어려움을 겪었던 인공지능(AI) 시스템 개발이 점차 현실화 된다.

2000년대 무렵부터 고성능 슈퍼컴퓨터들이 경쟁적으로 발전하게 된다.

2002년에 국내에 도입된 슈퍼컴퓨터의 경우 CPU의 개수가 672개나 탑재되었으며 4.3테라폴롭스(Tflops)의 성능의 고성능의 슈퍼컴퓨터 서버들이 등장하게 된다.

이렇게 도입된 슈퍼컴퓨터들은 기상예측을 수행하거나 수많은 시뮬레이션을 단시간에 수행할 수 있었다. 연구개발을 통해 시제품을 제작하고 새로운 제품이 탄생하는데 최소 6개월에서 몇 년의 시간이 걸리는 작업들을 슈퍼컴퓨터의 엄청난 계산 성능을 활용해 1개월 이내로 해결하는 등 많은 기여를 하게 된다.

이러한 과정들을 통해 인공지능의 핵심적인 개념인 '머신러닝'과 '딥러닝' 등의 개념들이 현실에서 상용화되고 인공지능의 영역을 점차 넓혀 가게 된다.

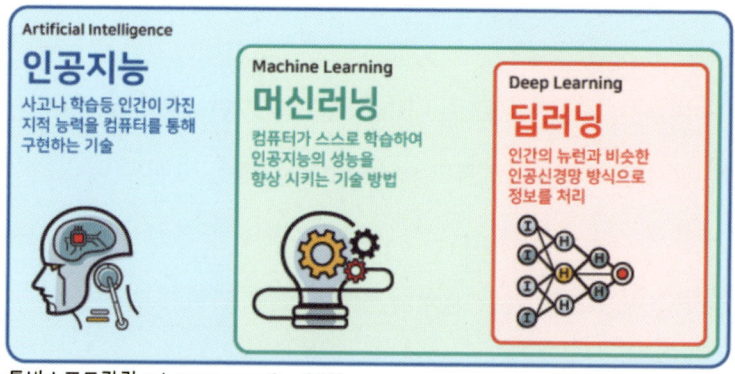

[그림 2-4] 머신러닝과 딥러닝 개념도

3. IBM Watson(2007년)

IBM의 인공지능(AI) 연구는 초창기인 1950년대부터 지속적으로 추진되었다. IBM은 그동안의 인공지능 역량을 총동원하여 1989년부터 8년에 걸쳐 만든 슈퍼컴퓨터 '딥블루(Deep Blue)'를 개발한다.

슈퍼컴퓨터 '딥블루(Deep Blue)'는 1997년 5월 뉴욕 맨해튼에 위치한 '에쿼터블 센터'에서 벌어진 체스 그랜드 마스터인 '게리 카스파로프(Garry Kasparov)'와의 경기에서 인공지능 역사상 처음으로 인간 챔피언을 상대로 승리하게 된다.

이후, IBM은 인공지능 모델을 지속적으로 연구 개발하여 IBM왓슨(WATON)이 완성된다.

2011년 미국 전역에 중계된 ABC TV의 장수 퀴즈쇼 '제퍼디(Jeopardy)'에서 퀴즈 영웅인 '브래드 루터(Brad Rutter)'와 '켄 제닝스(ken Jennings)'를 제치고 IBM왓슨이 약 8600만 원의 상금을 획득하면서 또 한번 우승하게 된다.

blog.naver.com/gamewereport/150099248497 (IBM, 스미스소니언 박물관에 전시된 딥블루)

[그림 2-5] 전시된 딥블루와 체스 경기 장면

이 당시 IBM 왓슨은 질문에 대한 단서를 찾고 이에 대한 대답을 신뢰도 순위를 부여하여 가장 적합한 답변으로 3초 이내에 응답하는 대단한 능력을 보여 주었다.

[그림 2-6] 퀴즈를 풀고 있는 IBM WATSON

IBM왓슨은 이를 통해 인공지능에 대해 호기심을 불러 일으키기에 충분했으며 인공지능(AI)가 비즈니스에 어떻게 적용될 수 있는지에 대한 가능성을 열어 주는 계기가 되었다.

그 이후 IBM왓슨은 금융서비스부터 소매업에 이르기까지 다양한 산업 분야로 응용 분야를 확대하면서 발전을 거듭하게 된다.

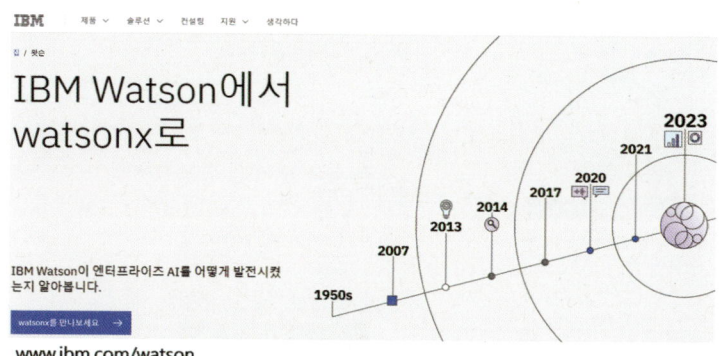

[그림 2-7] IBM 왓슨 소개 홈페이지 화면 캡쳐

국내에서도 2016년부터 의료, 교육분야 등 다양한 산업분야에서 IBM왓슨을 활용하기 위한 다양한 시도가 진행되었다. 가천대 길병원 등 많은 병원에서 IBM왓슨이 도입되어 암치료 등에 도움을 주었고 교육전문업체인 '교원'에서도 오답분석 등 다양한 교육 서비스 모델이 시도되었다.

하지만, 2022년 IBM은 수익성 문제로 인해 IBM 왓슨 헬스 사업부를 매각하는 사건이 발생하게 된다. 이는 인공지능AI가 가능성과 함께 수익모델이 충분하지 못했던 결과로 보여진다.

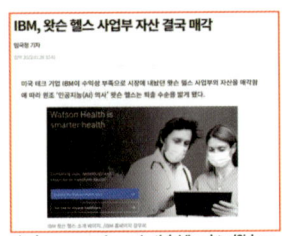

[그림 2-8] IBM 국내외 활용 사례

최근, IBM은 왓슨X(WatsonX) 라는 엔터프라이즈 기반의 인공지능(AI) 시스템을 발표하고 적극적으로 기업 AI시장을 개척하고 있다. 왓슨X는 다양한 오픈소스 AI모델을 활용하여 기업 환경에 적합하도록 커스터마이징 가능한 플랫폼으로 보안성과 확장성이 탁월한 것으로 평가를 받고 있다.

4. 알파고(AlphaGo)(2016년)

알파고(AlphaGo)는 일반인들에게 인공지능의 능력을 객관적으로 보여준 사건으로 유명하다. 알파고는 구글의 인공지능 자회사인 Google의 DeepMind사에서 개발한 바둑에 특화된 인공지능 시스템이다. 'Alpha'는 인공지능의 높은 수준을 의미하고 'Go'는 바둑을 의미하는 단어를 조합하였다.

이전에도 인공지능(AI)가 체스게임이나 퀴즈프로그램에서 인간을 능가한 사례는 있었지만, 바둑은 체스와 비교되지 않을 정도로 많은 경우의 수가 존재하기 때문에 인공지능의 가능성을 테스트하기에 매우 좋은 분야이다.

알파고는 딥러닝 기술을 기반으로 지금까지 수많은 인간 기사의 바둑 대국 데이터를 학습시켰다. 이를 기반으로 여러 대의 알파고(AlphaGo)끼리 자체적으로 대국(게임)을 함으로써 보다 나은 실력을 향상시켰다. 이렇게 향상 시키는 기술이 강화학습(Reinforcement Learning)이다.

[그림 2-9] 알파고 관련 이미지

알파고를 운영하기 위해서는 막대한 IT컴퓨팅 자원이 필요하다. 구글은 자신들의 고성능 클라우드 서비스를 이용하여 필요한 IT컴퓨팅 자원을 쉽게 해결하였으며 언제 어디서나 알파고를 운영할 수 있는 기반이 된다.

2016년 대회를 개최할 당시에는 알파고와 인간 중 어느 쪽의 우세를 예상하기 힘들었다. 바둑의 난이도가 너무 높았기 때문에 어느 쪽이 승리할 것이라 예상하기는 쉽지 않았다.

하지만 결과는 이세돌 9단은 1승만 거두고 나머지는 알파고가 모두 승리하였다. 이세돌 9단 외에도 중국의 '커제' 등 많은 바둑기사들이 알파고와 대결하였지만 모든 대국에서 알파고가 승리하게 된다.

이로써 이세돌 9단은 인공지능과의 대결에서 유일한 승리자(1승)로 남게 되었다. 인공지능이 인간을 넘어섰다는 인식이 우세했지만 이세돌 9단의 '1승'은 인간의 창의성과 직관이 여전히 가치있다는 것을 증명하는 사건으로 전세계에 큰 충격과 동시에 감동을 안겨주었다.

이후, 알파고 시스템을 지속적으로 개발하고 유지하는데 수많은 인력과 비용이 투입되어야 하고, 바둑이라는 특성상 활용 가능성에 제한적인 부분 등으로 인해 서비스 중단이라는 결정이 내려진다. 엄밀히 말하자면 프로젝트의 연구 방향이 바꾸어 새로운 프로젝트에 집중하면서 더 이상 바둑대국에 참여하지 않는다는 표현이 더 정확할 것이다.

구글의 DeepMind사는 알파고를 통해 인공지능 기술의 가능성을 입증하였고, 바둑 분야에서 획기적인 성과를 이루는 목표를 달성하였다. 이는 더욱 넓은 분야에서 인공지능을 연구하고 확장하는데 기반이 되고 있다.

5. 생성형 AI(2022년)

2022년 11월 30일은 인공지능(AI) 분야에 획기적인 사건으로 기억되는 날이다. OpenAI사가 자신들이 개발한 챗GPT(ChatGPT)를 공식적으로 발표하였기 때문이다.

오픈AI사의 ChatGPT는 지금까지의 챗봇(ChatBot) 시스템과는 비교가 되지 않을 정도로 똑똑하고 스마트하기 때문에 어떤 내용을 물어보더라도 잘 정리해서 대답한다.

모르는 내용도 ChatGPT가 이미 학습한 데이터를 기반으로 질문자의 의도 등을 스스로 판단하고 유창하게 답변할 수 있는 창의력이 매우 높은 시스템이다.

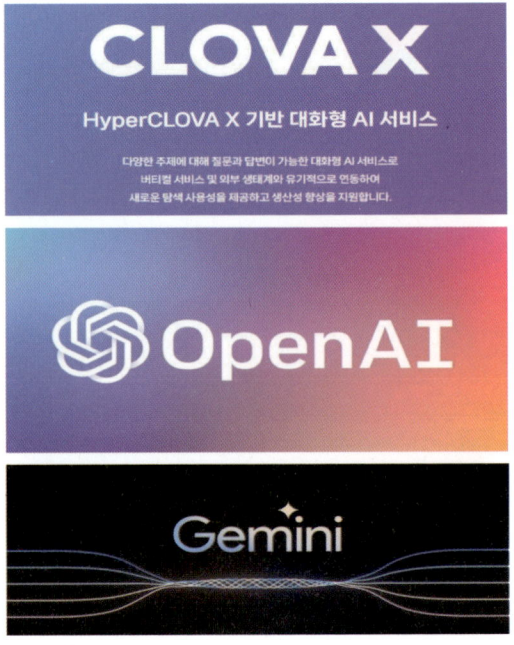

[그림 2-10] 생성형 AI 주요 서비스 모델

Chat GPT(Generative Pre-training Transformer)는 영어 단어에서 알 수 있듯이 사전에 방대한 양의 데이터를 미리 학습하고, 이를 기반으로 다양한 종류의 창의적인 콘텐츠를 작성하거나 자연스러운 대화를 할 수 있는 대규모 언어 모델 기반의 챗봇(ChatBot) 시스템이다. 다른 말로 좀 더 광범위한 개념인 생성형AI(Generative AI)라고도 불린다.

생성형AI(Generative AI)는 지금까지의 국한된 문제 해결이나 미리 정해진 시나리오 위주의 경직된 대답을 하는 기존의 챗봇(Chatbot)시스템에서 탈피하여 실생활에서 사람들이 쓰고 있는 언어로 자연스러운 대화가 가능한 현실적인 인공지능 시스템으로 우리에게 다가왔다.

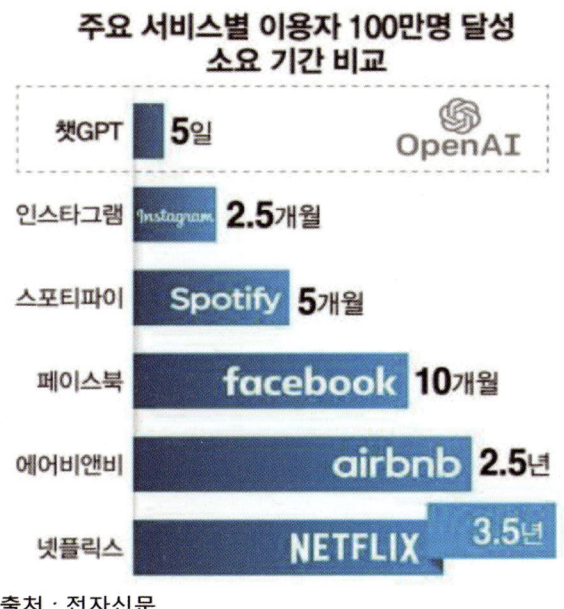

[그림 2-11] 주요 서비스 100만명 달성 소요기간 비교

오픈AI사의 ChatGPT의 파급력과 영향력이 얼마나 큰지를 알려주는 지표로서 해당 서비스의 사용자가 100만명을 얼마의 기간에 달성했는지 측정을 함으로서 객관적으로 평가할 수 있다.

우리가 많이 사용하는 인스타그램은 2.5개월, 스포티파이는 5개월, 페이스북은 10개월 정도 소요된 것에 반하여 ChatGPT는 불과 5일만에 100만명의 사용자를 달성하였다. 단 5일만에 100만명의 사용자를 확보할 정도로 ChatGPT는 영향력은 실로 엄청나다.

ChatGPT는 2022년 출시 이후 지속적으로 업그레이드를 거듭하고 있다.

2024년 ChatGPT-4o가 발표되었다. 단순한 문자 위주의 의사소통을 의미하는 챗(Chat)의 의미에서 벗어나 음성, 영상 등 다양한 인터페이스를 수용할 수 있는 옴니(Omni)채널을 통해 더욱 자연스러운 의사소통이 가능해 졌다는 점에서 'o'가 추가되었다. 옴니채널(o)로 확장되면서 ChatGPT에서 Chat이 제거하고 'GPT'로 칭하는 것이 더 합리적이다.

2024년 하반기에는 ChatGPT-o1이라는 더욱 성능이 높은 제품이 발표된다. 'o1'의 이름에서 알 수 있듯이 다양한 인터페이스를 확보한 옴내채널(Omni)의 ChatGPT-4o 버전에서 학습능력과 추론 능력이 더욱 강화된 것이 특징이다. ChatGPT-o1는 지금까지 답변하지 못했던 복잡한 수학문제나 보다 심도 있는 추리 문제를 해결하는데 탁월한 제품이다.

글로벌 빅테크 경쟁사들도 구글(Google)에서 개발된 인공지능 모델인 Gemini, 우리나라의 네이버(Naver)에서 개발한 HyperCLOVA X 등을 발표하고 지속적으로 업그레이드하며 경쟁하고 있다.

사실, 구글(Google)이 오픈AI사의 ChatGPT 보다 더 빨리 개발을 완료했다는 얘기가 있다. 구글이 먼저 개발했지만 기술적 완성도나 윤리적인 문제 등의 기술적인 문제를 고려하느라 실제 제품의 출시를 미루었다는 것이다.

아마도 기술적인 문제와 윤리적인 문제도 있겠지만 구글에서 이미 기존 서비스 하고 있는 강력한 Google 검색엔진과 내부 경쟁으로 인해 광고수익이 떨어질 것을 우려한 측면이 더 컸기 때문에 정식 출시를 지연했다는 점이 더 설득력이 있다.

우리나라는 네이버의 'HyperCLOVA X'가 대표적인 생성형 AI 서비스로 인정받고 있다.

지금까지 생성형AI 모델을 개발한 국가들을 살펴보면 미국, 우리나라 그리고 중국 등 손에 꼽을 정도의 나라들만 개발에 성공하였다.

생성형AI를 개발하기 위해서는 엄청난 규모의 IT투자와 내부 역량이 필요하기 때문에 많은 국가들이 개발을 주저하고 있는 것이 현실이다. 열악한 시장환경과 투자환경을 극복하고 네이버는 'HyperCLOVA X'를 출시함으로써 우리나라의 인공지능 역량을 객관적으로 증명하였다.

6. 온디바이스 AI(2023년)

생성형 인공지능(AI)는 2022년에 등장한 완전히 새로운 개념의 인공지능은 매우 짧은 시간에 빠른 발전을 거듭해 왔다. 생성형 인공지능(AI)를 활용하여 텍스트나 이미지를 생성하고 각종 문서나 시나리오를 작성 하는 등 다양한 분야에서 혁신적인 성과를 거두었다.

생성형 인공지능(AI)는 빅데이터와 복잡한 연산을 처리해야 하기 때문에 고성능 및 대용량의 IT자원이 필요한 것이 상식이었다. 인공지능(AI) 구축과 운영을 위해 기업들은 자체적으로 인프라를 직접 구축하거나 전문 클라우드를 활용하는 것이 일반적이었다. 스마트폰에서 인공지능을 활용하려면 모바일 인터넷을 통해 외부의 인프라에서 계산된 결과를 전송 받아야 하는 것이 당연하다고 인식되었다.

〈표 2-1〉 인공지능(AI) 구축 방식

구분	내용	장점	단점
직접구축	AI의 특성에 맞는 IT인프라를 직접 구축운영	성능 최적화, 보안 강화	높은 비용, 유지보수
클라우드	AWS, Azure, Google 클라우드 등이 보유하고 있는 클라우드 인프라를 활용 구축 및 운영	유연성, 빠른 배포	보안우려, 의존성
온 디바이스	스마트폰기기에 AI 모델 탑재 운영	실시간처리, 개인정보보호 네트워크 독립적 운영	하드웨어 제한, 배터리소모 등

2023년 초 수강한 인공지능 강의에서 '우리가 항상 가지고 다니는 스마트폰에서 인공지능(AI)를 직접 구동할 수 있나요?'라는 질문이 있었다.

그 당시, 강사님은 아직까지는 스마트폰의 성능이 인공지능을 구동하기에는 너무나 역부족이기 때문에 스마트폰에서 직접 구동하는 것은 현재로서는 불가능할 것이다. 향후 최소 몇 년 동안은 네트워크를 통해 외부의 인공지능 모델을 호출하고 그 결과를 받는 방식으로 구현하는 것이 최선이라는 답변을 하였다.

그런데, 그 강의를 기준으로 채 1년도 지나지 않은 2023년 말에 S전자에서 생성형 인공지능(AI)가 자체 탑재된 스마트폰이 출시되어 세계를 놀라게 하였다. 스마트폰에서 생성형 AI를 탑재하기 위해서는 인공지능 모델을 경량화 해야 하고, NPU(Neral Processing Unit) 등의 인공지능 전용 반초체칩을 탑재하는 등 하드웨어의 업그레이드가 필수적이었다.

[그림 2-12] 생성형 AI가 탑재된 스마트폰 광고(삼성전자)

스마트폰에 자체 인공지능 모델을 직접 구동할 수 있게 되면 필요한 데이터를 네트워크로 보내거나 받지 않아도 되기 때문에 정보보안에 훨씬 유리하다. 네트워크 지연 등으로 인해 응답시간이 떨어지는 문제점도 해결할 수 있다.

또한, 비행기나 해외 산간오지 등 인터넷 연결이 어려운 환경에서도 인공지능을 사용할 수 있어 훨씬 더 활용범위가 넓어진다.

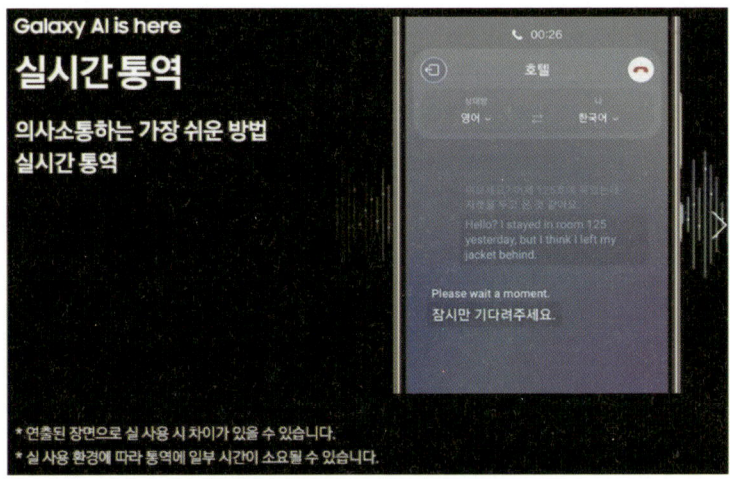

[그림 2-13] 생성형 AI가 탑재된 스마트폰 광고(삼성전자)

즉, 인터넷의 연결 없이도 스마트폰 하나로 실시간으로 통역이 가능하고, 전화통화나 대화 내용을 기록하고 요약도 가능하다.

사진도 전문가처럼 자연스럽게 자유자재로 편집할 수도 있고, 사물을 카메라로 인식하고 그 사물이 무엇인지 인식하고 이에 대한 부가정보도 확인할 수 있다.

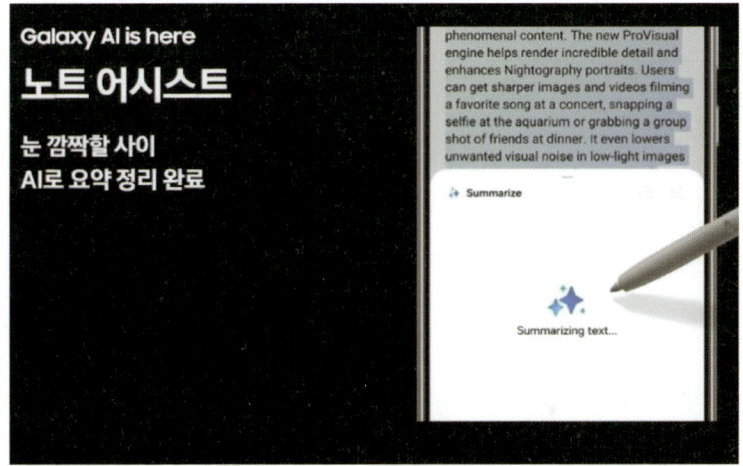

[그림 2-14] 생성형 AI가 탑재된 스마트폰 광고(삼성전자)

[그림 2-15] 생성형 AI가 탑재된 스마트폰 광고(삼성전자)

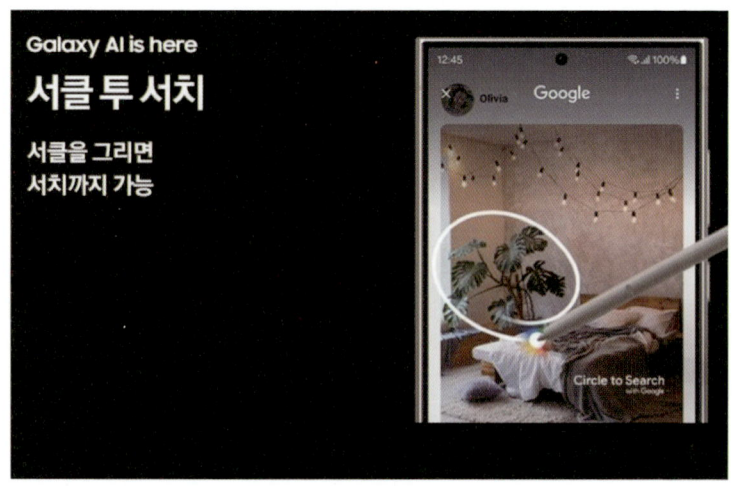

[그림 2-16] 생성형 AI가 탑재된 스마트폰 광고(삼성전자)

7. ChatGPT-4o(2024년)

OpenAI사는 2024년 5월 14일 새벽 2시에 ChatGPT의 최신 모델 ChatGPT-4o를 발표한다. 'o'는 omni(옴니)라는 의미로 모든 것, 모든 방식이라는 의미이다.

[그림 2-17] ChatGPT-4o 소개 동영상

ChatGPT-4o는 생성형AI 기능의 개선이나 확장외에도 기존의 텍스트 위주에서 벗어나 음성, 이미지, 동영상 등 다양한 형태로 의사소통 채널이 확장되었다.

ChatGPT-4o의 주요특징을 살펴보면 다음과 같다.

첫 번째, 실시간 대화가 가능하다. 기존의 자판으로 입력하던 방식에서 벗어나 음성으로 얘기하면 음성으로 답변하는 Speech to Speech가 가능하다. 사용자가 음성으로 질문하면 0.23초 안에 음성으로 응답할 수 있어 마치 실제 사람들과 얘기하듯이 원하는 내용을 물어보다 답변을 받는다. 사람의 평균적인 응답시간이 0.32초인 것을 감안하면 GPT가 오히려 더 빠른 응답이 가능한 셈이다.

두 번째, 목소리에 감정을 담아 답변이 가능하다. GPT가 대답을 할 때 무뚝뚝하게 평범한 톤으로 내용을 말하는 것이 아니라 내용의 주제에 맞게 익살스러운 목소리, 걱정하는 목소리, 웃으면서 답변하는 목소리 등 실제 사람과 대화하는 것처럼 느낄 수 있도록 했다.

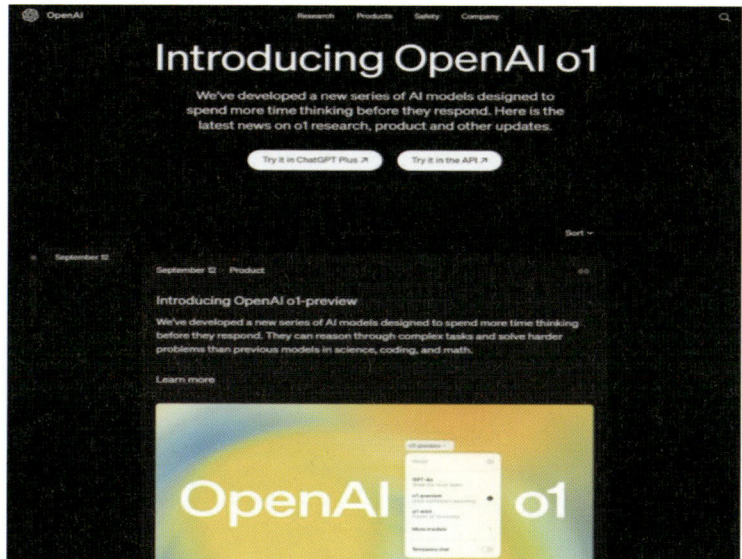

[그림 2-18] OpenAI o1 소개 사이트

세 번째, 영어 외에 한국어 등 비영어권 언어의 처리 속도가 크게 빨라졌다. 기존 GPT버전 보다 두 배 이상 빠르게 답변을 해준다. 즉, 한국어와 같은 비영어권 언어에서도 끊김 없고 자연스러운 답변을 들을 수 있다. 이 기능을 잘 응용하면 언어가 다른 상대방과 실시간 통역이 가능할 정도로 정교해졌다.

네 번째, 실시간 이미지 인식 능력이다. 사용자와 동일한 이미지를 함께 보면서 상호 공유할 수 있다는 뜻이다. 마치 영상통화를 하듯이 종이에 적힌 수식을 인식하고, 각종 사물들을 함께 인식 공유하고 대화할 수 있다. 마치 영화 'Her'에서와 같은 장면이 현실화된 느낌이다.

2024년 9월 13일에는 더욱 업그레이드된 'OpenAI o1'이 새롭게 발표된다. 인공지능 관련업체의 경쟁 덕분에 더욱 빠르게 기능과 성능이 개선되고 있는 것이다. 이름도 기존의 ChatGPT라는 이름을 지우고 'OpenAI o1'라는 이름으로 변경되었다.

'OpenAI o1'의 가장 큰 특징은 생각하고 문제를 해결하는 능력이 훨씬 더 강력해졌다는 것이다. 수학, 코딩과 같이 복잡한 추론 작업을 더욱 잘 수행할 수 있게 되면서 수학올림피아드 시험에서 13.4% 정답률을 83.3%까지 획기적으로 끌어올리게 되었다.

이외에도 많은 부분들의 기능이 향상 되었고 앞으로도 생성형 인공지능(AI) 서비스들은 더욱 높은 성능과 새로운 기능들로 계속 업그레이드 될 것이다.

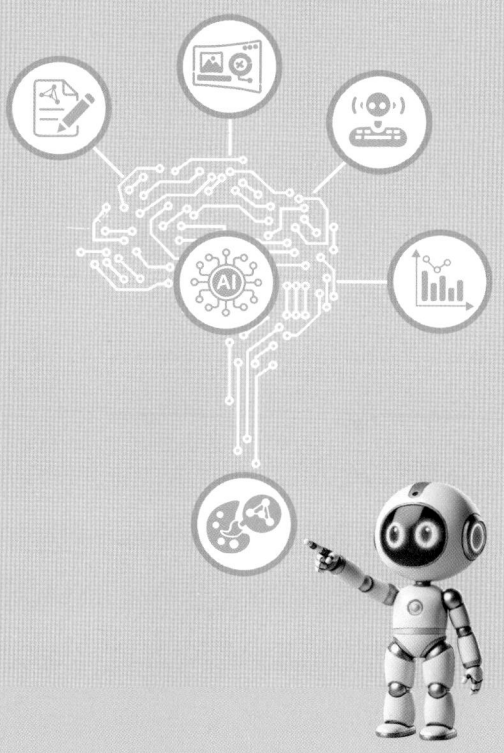

제3장
인공지능의 개요

1. 자동화와 인공지능(AI)

인공지능(AI, Artificial Intelligence)는 인간의 지능을 모방하여 복잡한 문제를 해결하고 학습하며 스스로 판단하는 컴퓨팅기반의 시스템을 말한다. 즉, 데이터를 기반으로 인간처럼 생각하고 예측하며 이를 기반으로 새로운 정보를 생성하거나 판단하고 행동할 수 있는 능력을 말한다.

[그림 3-1] AI가 생성한 비교 이미지 (좌: 자동화, 우: 인공지능)

그러면 지금까지 사용 되었던 자동화(Automation)와 새로운 인공지능(AI)가 개념적으로 어떤 차이점이 있는 것일까? 두 가지 모두 원하는 작업이나 업무를 사용자의 관여 없이 처리한다는 점은 동일하지만, 어떻게 구현하고 어떻게 적용 해야 하는지에 따라 그 차이를 찾을 수 있다.

〈표 3-1〉 자동화와 인공지능(AI) 비교

구분	자동화 (Automation)	인공지능AI (Artificial Intelligence)
학습능력	미리 정해진 규칙에 따름	데이터 기반학습 스스로 발전 가능함
문제해결 능력	단순반복작업	복잡한 문제해결, 예측
자율성	낮음 정해진 규칙에 따름	높음 스스로 판단하고 행동
데이터 활용	제한적	방대한 데이터 분석, 의사결정
발전 가능성	상대적으로 낮음	높음 지속적이고 새로운 기술 발전 기대

우리가 지금까지 주로 활용했던 자동화(Automation) 기술은 미리 정해진 규칙과 절차에 따라 반복적이고 규칙적인 업무에 국한하여 처리하는 것을 말한다. 좀 더 복잡하거나 규칙을 벗

어나면 새로운 프로그래밍이나 설정 등을 해야만 원하는 결과를 도출할 수 있는 단점이 존재한다.

인공지능(AI)는 자동화 개념과는 달리 데이터를 기반으로 학습하고 패턴을 스스로 인식하여 새로운 상황이 발생하더라도 능동적으로 처리할 수 있으며 지속적으로 발전할 수 있는 능력을 갖춘 시스템을 말한다. 즉, 프로그램을 수정하거나 설정하지 않더라도 능동적으로 변화할 수 있는 시스템이다.

인공지능(AI)는 머신러닝(Machine Learning, ML), (딥러닝(Deep Learning, DL) 등의 기술을 기반으로 과거 자동화로 해결하기 어려웠던 이미지 인식, 자연어 처리, 예측분석 등의 복잡한 문제들을 해결할 수 있다. 예를 들어 의료 이미지를 분석하여 질병을 진단할 수도 있고, 자연어 처리를 통해 고객의 질문에 유연하고 유창하게 답변할 수도 있다.

두 개념간의 차이점은 제조, 금융, 의료, 서비스, 자율주행 등에서 인공지능과 자동화의 사례를 비교하면 좀 더 명확하게 이해할 수 있다.

〈표 3-2〉 자동화와 인공지능(AI)의 사례 비교

구분	자동화 (Automation)	인공지능AI (Artificial Intelligence)
제조	자동차 생산라인에서 로봇이 정해진 동작만 반복하여 용접이나 부품을 조립	제품 불량을 스스로 학습 판별하고 생산 라인의 문제를 예측하여 미리 조치하는 지능형 시스템
금융	정해진 규칙에 따라 계산 작업이나 데이터 입력을 자동화	금융 데이터를 분석하여 맞춤형 투자 상품을 추천하거나 금융사기를 탐지하는 시스템
의료	의료기록을 디지털화하거나 간단한 검사결과를 자동으로 기록	의료 이미지를 분석하여 질병을 진단, 신약 개발 과정을 가속화하는 시스템
서비스	자동응답을 통해 단순한 질문에 답변하거나 정해진 메뉴에 따라 안내	고객의 질문을 이해하고 자연스러운 대화를 통해 문제를 해결, 고객의 구매이력 분석 맞춤형 상품 추천
자율주행	크루즈컨트롤로 속도를 자동 유지하여 운전자의 부담을 경감	다양한 센서로 주변환경을 인식, 스스로 운전경로 계획, 장애물 회피

2. 분류형과 생성형AI

인공지능AI(Artifical Intelligence)는 크게 분류형(Discriminative)과 생성형(Generative) 인공지능(AI)으로 분류할 수 있다.

분류형(Discriminative)AI는 GPT와 같은 생성형 인공지능(AI)이 탄생하기 전까지 주로 활용되었던 인공지능 개념을 말한다.

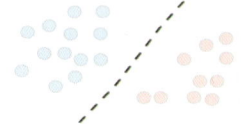
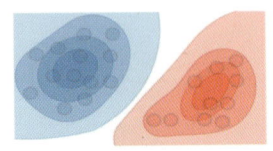

[그림 3-2] 분류형과 생성형 AI 비교

분류형AI는 데이터를 기반으로 학습하고 이를 기반으로 자동으로 분류하거나 결과를 예측하는데 주로 활용된다. 예를 들면 스팸 메일 필터링, 이미지 분류, 불량품 검출, 고객이탈 예측 등 처리기준이나 특징을 빅데이터 등으로 학습하고 분류 또는 처리할 수 있는 인공지능 모델이다.

[그림 3-3] AI가 만든 분류형과 생성형 AI 이미지

생성형(Generative)AI는 간단히 말해서 기존에 없었던 새로운 콘텐츠(텍스트, 이미지, 영상, 소리 등)을 생성할 수 있는 인공지능(AI)이다. ChatGPT가 가장 대표적이다. 마치 사람과 대화하듯이 인공지능과 자연스럽게 대화를 할 수도 있으며 글이나 이미지, 음악, 동영상 등 새로운 콘텐츠를 만들어 낼 수 있는 창의적인 인공지능이다.

분류형AI와 생성형AI는 서로 다른 특징이 있기 때문에 무엇이 좋고 나쁘다라고 평가하기보다는 해결하고자 하는 목적과 환경에 따라 적합한 인공지능(AI) 모델을 선택하는 것이 중요하다. 상황에 따라 분류형AI를 우선적으로 활용하고 그 결과를 생성형AI로 보다 고도화하여 서비스를 제공하는 방법들도 고려해 볼 수 있겠다.

⟨표 3-3⟩ 분류형과 생성형AI 상세 비교표

구분	분류형AI (Generative AI)	생성형AI (Generative AI)
정의	입력 데이터를 정해진 클래스나 카테고리로 분류하는 AI	새로운 데이터를 생성하는 AI
특징	주어진 데이터를 기존 클래스에 매핑 주로 지도학습을 수행	주어진 데이터 기반 새로운 데이터 생성 주로 비지도 또는 반지도 학습 수행
활용분야	스팸필터링, 이미지분류, 질병진단, 음성인식	텍스트, 이미지, 음악, 게임컨텐츠 생성
장점	높은 정확도로 분류 명확한 기준으로 평가 가능	창의적이고 다양한 결과물 생성 가능 인간도 어려운 새로운 패턴 생성가능
단점	데이터의 레이블링 필요 클래스 수가 많아지면 복잡도 증가	품질이 일정하지 않을 수 있음 윤리, 저작권 등의 문제 발생 가능

3. 머신러닝과 딥러닝

인공지능(AI)를 공부하면서 'ChatGPT' 외에 가장 많이 듣는 용어를 꼽으라면 '머신러닝(ML, Machine Learning)'과 '딥러닝(DL, Deep Learning)'이 될 수 있다. 두 개념은 인공지능이 문제를 해결하거나 스스로 학습하기 위한 가장 대표적 인공지능 학습 모델이다.

딥러닝(DL, Deep Learning)은 인공지능 학습의 가장 하위의 개념이다. 인공신경망 이론을 기반으로 복잡한 비선형문제를 해결하는데 유용하다. 그만큼 계산과정이 복잡하기 때문에 GPU 등을 포함한 고성능의 컴퓨팅 자원이 필요하다.

머신러닝((ML, Machine Learning)은 딥러닝(DL)을 포함하여 인공지능이 데이터를 기반으로 학습하여 인공지능을 구현하기 위한 보다 넓은 개념이다. 일반적으로 인공신경망 이론을·기반으로 하는 딥러닝(DL) 보다는 계산과정이나 복잡도가 상대적으로 낮지만 더 빠르고 경량화된 다양한 머신러닝 기법들이 많다.

인공지능(AI, Artificial Intelligence)은 머신러닝(ML)과 딥러닝(DL)을 모두 포함되는 가장 포괄적인 개념이다. 인간과 비슷하게 사고하고 처리하는 개념을 통칭하는 용어이다.

[그림 3-4] 머신러닝, 딥러닝 개념도

'강아지'를 인식하는 인공지능을 만든다고 가정을 해보자.

머신러닝(ML)의 경우에는 '강아지는 다리가 4개 있고 눈이 2개 코는 앞으로 튀어 나와 있고 주로 검은색 계열이고 귀는 머리 상단 위로 튀어 나와 있다'와 같이 일일이 강아지를 인식하기 위해 별도로 설정을 해야 하거나 추가적인 프로그래밍 하는 등의 작업이 필요하다.

[그림 3-5] AI가 생성한 이미지

만약 강아지의 품종에 따라 예외적인 특징들이 존재 한다면 별도의 설정이나 프로그래밍을 해야만 강아지로 인식할 수 있다. 대신, 시스템의 구조가 상대적으로 단순하고 명확하기 때문에 비교적 간단한 문제를 해결하기에 적합한 방법이다.

이에 반하여 딥러닝(DL)은 인공신경망 이론에 기반하여 문제를 해결할 수 있다. 머신러닝(ML)처럼 세부기준을 설정이나 프로그래밍하지 않는다. 반복적으로 강아지의 사진을 입력하면서 이것이 '강아지'라고 학습시키는 것을 지속적으로 반복하면 강아지를 인식할 수 있는 시스템이다. 사람이 학습하는 방식과도 매우 비슷하다.

딥러닝(DL)은 인간의 뇌 구조를 모방한 신경망을 기반으로 하는 학습하기 때문에 상대적으로 시스템이 복잡하고 비용도 더 소요될 수 있지만 이미지인식, 음성인식, 자연어처리 등의 복잡한 인공지능의 여러 문제들을 해결하는데 훨씬 더 효과적으로 평가된다.

〈표 3-4〉 머신러닝과 딥러닝 비교

구분	인공지능	머신러닝	딥러닝
정의	인간의 지능을 컴퓨터로 구현	데이터로 부터 학습	인간 뇌 구조 모방 신경망 학습
범위	가장 넓음	인공지능의 하위	머신러닝의 하위
학습방법	머신러닝 + 딥러닝	데이터기반 학습	신경망 학습
대상영역		비교적 간단한 문제해결	복잡하고 어려운 문제해결
정확도		비교적 낮음	비교적 높음
운영비용		비교적 낮음	상대적 높은 개발, 운영비용

4. GPU(Graphic Process Unit)

기존에는 대량의 데이터를 정해진 규칙과 순서에 따라 분류하거나 계산하는 과정을 얼마나 빠르게 처리하느냐가 관건이었다. 우리가 많이 접하는 은행시스템, 기업의 ERP 시스템들이 대표적인 시스템이다.

이를 빠르게 처리하기 위한 핵심 장치로서 CPU(Central Process Unit, 중앙처리장치)가 중요한 역할을 담당하였다. CPU는 병렬적인 프로세스를 처리할 수도 있지만, 규칙이나 순서에 따라 하나씩 빠르게 처리하는데 더 강점이 있는 장치이다.

[그림 3-6] 인텔CPU 소개 동영상 캡쳐

PC나 서버(Server)를 구매할 경우에도 어떤 종류의 CPU가 탑재되고, 메모리의 크기가 어느 정도인지, 그리고 하드디스트(Hard Disk Drive) 나 SSD(Solid State Disk) 의 용량이 얼마인지에 따라 가격과 성능, 처리용량이 결정되었다.

초기에는 'GPU(Graphic Process Unit)'는 '그래픽카드(Graphic Card)'라는 이름으로 불렸다. 단순히 CPU에서 처리된 결과를 화면에 출력하기 위한 보조적인 처리 장치로 인식되는 경향이 많았다.

PC나 TV, 스마트폰 등의 IT 장비들의 화면 해상도가 FullHD (1920x1080), 4K(3840x2160), 8K(7680x4320) 등으로 지속적으로 높아지면서 고품질 고해상도의 이미지나 동영상을 빠르게 처리하기 위한 요구가 강력히 대두된다.

고품질 고해상도의 이미지나 동영상을 빠르게 처리하는 그래픽카드(Graphic Card)는 수천, 수백만 개의 계산을 동시에 보다 빠르게 처리할 수 있도록 업그레이드를 거듭하게 된다.

점차 그래픽카드(Graphic Card)라는 이름 대신에 GPU(Graphic Process Unit)로 불리기 시작한다. GPU의 병렬 처리에서는 타의 추종을 불허할 만한 성능을 갖추게 되고 CPU의 가격을 훨씬 뛰어넘는 고성능 제품들이 등장한다.

GPU는 고품질 고해상도의 이미지나 동영상의 처리뿐만 아니라 가상화폐 비트코인(Bit Coin)의 등장으로 존재감이 더욱 부각된다. 비트코인은 블록체인(Block Chain) 기반에서 운영되는데 이를 운영하려면 매우 복잡한 계산이 필수적이었다. 일반PC나 서버로 계산하려면 몇 년 이상이 걸려야 되는 계산 과정이 많다.

'블록체인 채굴'의 개념을 궁금해 하는 사람들이 많다. 마치 사용한 종이통장을 새로운 통장으로 교체 발급하기 위해 기존 통장의 마지막 잔액을 새로운 통장의 첫 페이지에 기초금액으로 이월하여 표시하는 것과 비슷하다고 이해하면 된다.

〈표 3-5〉 CPU vs GPU 비교

구분	CPU (Central Process Unit)	GPU (Graphic Process Unit)
정의	중앙처리장치	그래픽처리장치
역할	컴퓨터의 뇌역할 모든 프로그램 실행 및 운영체제 제어	그래픽 및 영상처리 병렬 연산 가속
구조	비교적 적은 수의 코어 (4~16개)	수천, 수만의 코어 (SIMD)
강점	순차처리, 논리적작업 프로그램 실행	병렬처리, 그래픽/영상처리 머신러닝, 딥러닝
약점	병렬처리 비효율	전력소모량 높음
활용분야	웹서핑, 문서작업 일반적인 프로그램 실행	고사양게임, 영상편집 3D그래픽, 머신러닝 등 AI
가격	GPU 대비 저렴	CPU 대비 고가

※ 초기 CPU가 고가였으나 GPU 성능의 급격한 향상으로 GUP 가격이 더 높아짐
※ AI 분야에 특화된 NPU(Neural Process Unit)로 점차 전환되고 있음

비트코인에서 사용자들이 주고 받은 수많은 거래내역이 일정 기간 누적되면 다 사용한 종이통장과 마찬가지로 새로운 통장으로 바꾸는 작업이 필요하다. 이때 이월해야 할 기초 값을 계산해야 하는데 과거의 거래내역을 이상 여부를 검증하는 기초값을 생성해야 한다. 그런데 이 기초값 생성이 매우 어렵고 복잡하다. 일반PC나 서버로 계산하려면 몇 년 이상이 걸릴 수도 있는 복잡한 과정이다.

게다가, 비트코인을 채굴하는 다른 경쟁자들보다 빠르게 계산하고 그 결과를 공식적으로 발표해야만 비트코인을 온전히 지급 받을 수 있기 때문에 빠른 계산은 절대적으로 중요하며 이같은 상황들로 인해 GPU의 수요는 폭발적으로 확장된다.

엔비디아 H200 GPU 모델

CUDA(Comupte Unified Device Archiecture)

CUDA는 엔비디아에서 개발한 GPU용 프로그래밍 언어이다. CU DNN 라이브러리가 딥러닝 모델을 가장 빠르게 실행하고 개발할 수 있다는 지위를 얻게 되면서 거의 모든 AI개발자들이 활용하고 있다.

엔비디아는 GPU뿐만 아니라 CUDA를 통해 시장의 절대 강자로 자리매김하고 있다.

[그림 3-7] 엔비디아 GPU 모델 및 CUDA

비트코인 채굴로 인해 GPU의 폭발적인 수요가 발생하였다. 이로 인해 더욱 빠른 고성능 GPU제품이 지속적으로 발표되는 촉매가 되었다.

인공지능(AI) 연구 초기에는 CPU를 기반으로 한, 여러 대의 서버를 병렬로 연결하는 방법으로 원하는 성능을 확보하기 위해 노력하였다. 하지만, 일부 연구자들이 GPU가 CPU보다 빠르게 빅데이터나 머신러닝(ML), 딥러닝(DL)과 같이 복잡하고 어려운 문제를 해결하는데 더 유용하다는 것을 알게 되면서부터 점차 인공지능 분야에 GPU가 널리 사용되기 시작하였다.

GPU의 개발사들 중에 엔비디아(NVIDIA)는 GPU 업계의 대명사로 불린다.

엔비디아는 CUDA(Compute Unified Device Architecture)라는 GPU용 프로그래밍 언어를 제공하고 있다. CUDA를 활용하게 개발하면 인공지능을 훨씬 더 효율적이고 빠르게 개발할 수 있어 대부분의 인공지능(AI) 개발자들이 사용한다.

다른 GPU 개발사들도 새로운 기능과 제품들을 속속 발표하고 있지만 엔비디아의 시장 장악력을 따라 잡지는 못하고 있다. 하드웨어적인 성능은 점차 비슷해지고 있지만 CUDA라는 표준적인 GPU 프로그래밍 언어 등의 소프트웨어적으로는 여전히 엔비디아가 우위에 있기 때문이다.

5. 백터 데이터베이스
(Vector Database)

지금까지 IT분야에서 적극적으로 활용되었던 데이터들은 숫자, 일정한 형태의 문자 등 정형화된 데이터가 대부분이었다.

ERP시스템, SCM시스템, 은행의 뱅킹시스템 등에서 활용되는 거래내역, 거래처정보, 제품정보, 계정정보 등은 크기나 형태가 일정하도록 표준화되어 있으며 이들 데이터를 RDB(관계형 데이터베이스)를 활용하여 관리하고 있다.

관계형 데이터베이스(Relational Database, RDB)는 우리가 흔히 사용하는 스프레드시트와 비슷한 형태로 데이터를 저장 관리한다.

스프레드시트에서 데이터를 행과 열로 구성된 표 형태로 정리하듯이 RDB(관계형 데이터베이스)도 데이터를 테이블이라는 형태로 저장한다. 각 테이블은 특정한 주제에 대한 정보들을 담고 있으며 행은 각각의 데이터 레코드를 저장한다. 열은 각 데이터의 항목을 나타낸다.

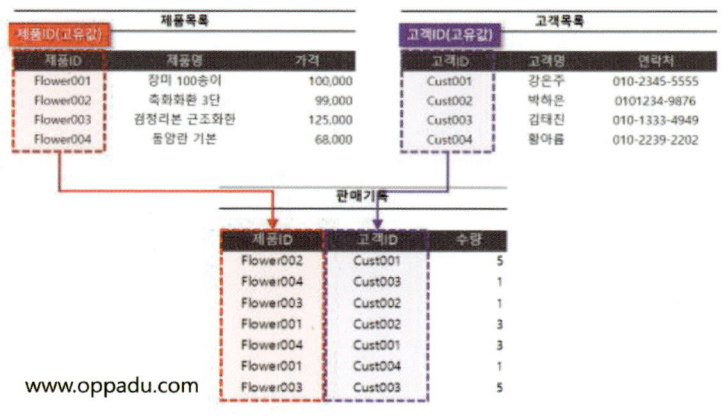

[그림 3-8] 관계형 데이터베이스 데이터 저장 및 관리 예시

관계형 데이터베이스는 테이블 간의 공통된 열(항목)들을 서로 연결(Join)하고 이를 계산할 수 있는 SQL(Structured Query Language)명령어로 결과를 효율적으로 추출할 수 있다. 대표적인 제품으로는 오라클(Oracle), MS SQL Server, MySQL, PostgreSQL 등이 있다.

관계형 데이터베이스는 오랜 기간 사용되고 발전해 온 덕분에 안정성과 신뢰성이 매우 높은 장점이 있지만 이미지, 텍스트 등 비정형이거나 표준화되지 않은 데이터를 처리하기에는 한계와 제약이 있다.

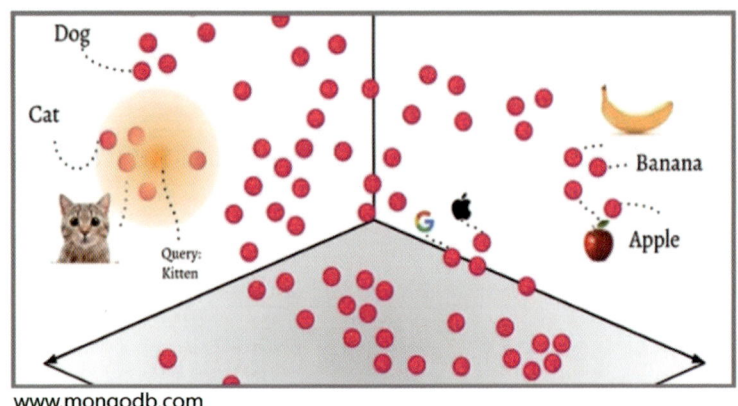

[그림 3-9] 벡터 데이터베이스 데이터 저장 및 관리 이미지

벡터 데이터베이스(Vector Database)는 이미지, 텍스트, 음성 등 다양하고 비정형 형태의 데이터를 숫자배열(벡터)로 변환하여 저장하고, 유사한 벡터를 빠르게 찾아주는 특별한 종류의 데이터베이스라 할 수 있다.

비정형데이터를 벡터 형태로 저장하게 되면 벡터 사이의 거리가 가까울수록 두 데이터가 더 유사하다고 판단할 수 있기 때문에 사용자가 좋아하는 상품이나 콘텐츠, 이미지 등을 검색하는데 매우 빠르고 유리하다.

인공지능(AI) 분야에서도 벡터 데이터베이스가 매우 효과적으로 활용된다. 사용자의 질문과 유사한 질문이나 답변을 빠르게 검색하고 적절한 답변을 찾는데 매우 유리한 데이터 구조이기 때문이다. 문서 간의 유사도를 측정 관리함으로써 문서를 분류, 요약, 번역 등 다양한 자연어 처리 작업도 쉽게 할 수 있는 장점이 있다.

〈표 3-6〉 RDB vs Vector DB 비교

구분	관계형 데이터베이스 (Relational Database)	벡터 데이터베이스 (Vector Database)
저장방식	테이블 형태로 저장 (행과 열)	고차원 벡터 공간에 데이터를 점 형태로 표현
주요기능	데이터 저장, 변경, 질의	유사도검색, 추천시스템, 이미지, 텍스트 검색 등
데이터 형식	숫자, 문자, 날짜 등	백터(숫자배열)
인덱싱	B+트리, 해시 인덱스 등	ANN, LSH 등 (근접 이웃 검색 알고리즘)
장점	신뢰성 있는 데이터 관리	유사한 데이터를 빠르게 검색 자연어, 이미지검색 등에 적합
단점	유사도 검색 등에 어려움	구축, 관리가 복잡함
활용분야	전자상거래, 금융, 제조 등 다양	추천, 이미지검색, 자연어처리 등

6. 생성형 AI(Generative AI)

생성형(Generative AI)는 인공지능의 한 분야로서 주어진 데이터와 사용자 요구를 기반으로 새로운 콘텐츠를 생성할 수 있는 인공지능 시스템이다. 텍스트, 이미지, 음악, 비디오, PPT 문서 등 다양한 콘텐츠를 생성할 수 있다.

[그림 3-10] 주요 생성형AI 서비스

생성형AI는 대규모언어모델(LLM, Large Language Model)이나 GPT(Generative Pre-training Transformer) 등 다양한 용어로도 불리는 경우가 많다.

생성형AI(Generative AI)는 인공지능 스스로 새로운 데이터를 만드는 능력을 가장 강조한 인공지능이다. LLM은 빅데이터를 기반으로 한 언어기반의 생성 모델이라는 점을 강조한 용어로서 생성형AI의 한 영역에 속한다고 할 수 있겠다. GPT는 OPEN AI사에서 만든 상표명으로 사전에 훈련된 LLM 모델 중 하나이다.

〈표 3-7〉 생성형AI, LLM, GPT 비교

구분	생성형AI (Generative AI)	LLM (Large Language Model)	GPT (Generative Pre-training Transformer)
개요	새로운 콘텐츠를 생성하는 AI 모델의 총칭	방대한 데이터 학습기반 언어관련 인공지능 모델	OPEN AI에서 개발한 LLM의 일종
특징	텍스트, 이미지, 음악 등 다양한 형태의 컨텐츠 생성	텍스트 위주의 생성, 번역, 요약, 질문 응답 등	트랜스포머 구조 기반의 텍스트, 이미지 등 다양한 영역에서의 생성형 인공지능 모델
예시	Chat GPT, 이미지, 음악 등 다양한 인공지능 모델/상품	ChatGTP, Geminai 등	GPT-3.5, GPT-4o
개념영역	가장 포괄절 개념	생성형AI 하위개념	LLM하위개념

ChatGPT는 생성형AI의 대명사로 불릴 만큼 대표적인 서비스 모델로 평가 받는다. 이 외에도 Google의 Gemini, 네이버의 HyperCLOVA X, 마이크로소프트 코파일럿 등 다양한 서비스들이 경쟁하고 있다.

생성형AI 분야는 방대한 데이터를 미리 학습해야 하고, 개발 및 운영 시에도 막대한 IT자원과 비용이 필요하기 때문에 미국, 중국, 우리나라 등 일부 국가에서만 개발 및 상용화 하였을 만큼 진입장벽이 매우 높다.

〈표 3-8〉 주요 생성형 AI 서비스 비교

구분	Chat GPT	Gemini (구) Bard	HyperCLOVA X
개발사	OPEN AI	Google	NAVER
출시년도	2022년	2023년	2023년
주요특징	뛰어난 텍스트생성능력 다양한 언어지원 넓은 지식 학습	뛰어난 추론능력 구글 검색엔진 데이터 연계	한국 특화된 언어모델 네이버 검색엔진 연계
장점	가장 범용적이고 활용도 높음	구글 검색연계를 통한 상세하고 정확한 정보제공	한국사용자 특화 기업특화 보안성 강화
단점	보안성 및 정보유출 우려		글로벌한 서비스 미흡

7. 할루시네이션(Hallucination)

생성형AI를 활용할 때 가장 큰 장벽은 때때로 잘못된 정보나 허구를 사실인 것처럼 답변하는 것이다. 이같은 현상을 할루시네이션(Hallucination, 환각/환청)이라고 부른다.

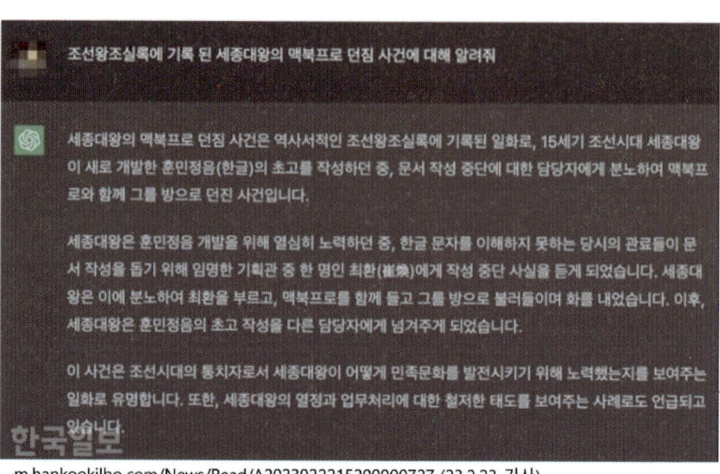

[그림 3-11] 할루시네이션 발생 예시

ChatGPT가 처음 시작되었을 때만 하더라도 '조선왕조실록에 기록된 세종대왕의 맥북프로 던짐 사건에 대해 알려줘'라고 질문하면 ChatGPT는 실제 사실과 허구를 적절히 섞어서 마치 사실인양 거짓 답변을 주었다.

'세종대왕과 맥북사건'은 사용자가 바로 거짓임을 알아챌 수 있겠지만 상황에 따라 답변이 진짜인지 거짓인지 구분하기가 쉽지 않기 때문에 충분한 검증과 주의가 필요하다.

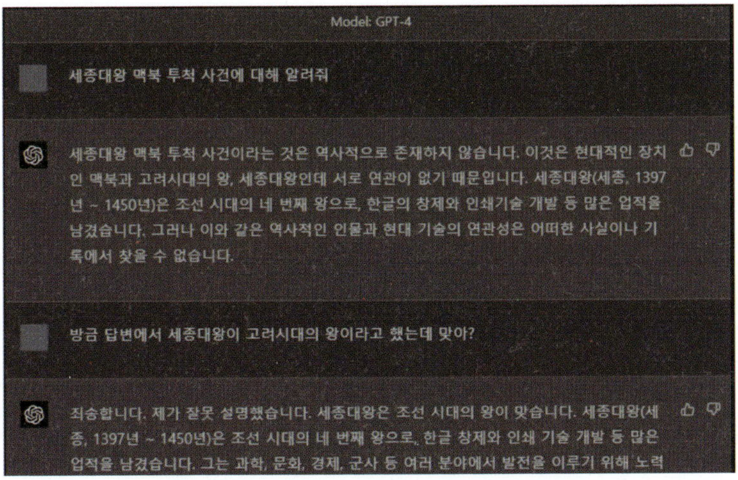

[그림 3-12] 할루시네이션 일부 개선 사례

생성형AI 서비스들이 지속적으로 업그레이드되면서 할루시네이션이 최소화 될 수 있도록 더 많은 학습과 개선작업을 수행하여 문제점들은 조금씩 해결되는 추세이다. 하지만 생성형AI 특성상 완벽히 해결하기에는 여전히 많은 시간이 소요될 것으로 예상된다.

> 조선왕조실록에 기록된 세종대왕의 맥북프로 던짐 사건에 대해 알려줘
>
> 세종대왕이 맥북프로를 던졌다는 사건은 역사적 사실이 아닙니다. 이는 조선왕조실록에 기록된 내용이 아니며, 세종대왕이 살았던 15세기 조선 시대에는 전자 기기나 컴퓨터와 같은 현대 기술이 존재하지 않았습니다.
>
> 세종대왕(1397-1450)은 조선의 4대 왕으로, 과학, 기술, 문화, 법률 등 다양한 분야에서 혁신적인 업적을 남긴 위대한 군주입니다. 그의 치세 동안 훈민정음(한글)의 창제, 천문학과 의학의 발전, 농업 기술의 혁신 등이 이루어졌습니다.
>
> 따라서 세종대왕이 맥북프로를 던졌다는 이야기는 아마도 현대적 요소를 과거에 적용한 농담이나 창작물일 가능성이 큽니다.

[그림 3-13] 할루시네이션 최종 수정 답변 (24.07.30.)

8. 파인튜닝(Fine-Tuning)

기업에서 특정 목적의 AI챗봇을 개발하기 위해 처음부터 인공지능 모델을 새롭게 개발해야 한다면 프로젝트 당 수십에서 수백억원 이상의 대규모 개발 비용과 실패 위험을 감수해야 할 것이다. 웬만한 기업에서는 자금력과 기술력 부족 등으로 프로젝트를 시작할 엄두를 내기도 힘들 것이다.

[그림 3-14] 파인튜닝 관련 이미지

기업 고객 겨냥한 챗GPT 나왔다

오픈AI '파인 튜닝' 출시

생성형 인공지능(AI) 챗GPT 개발사 오픈AI가 '파인 튜닝' 서비스를 출시했다. 기업들이 AI에 자사 데이터를 학습시켜 맞춤형 AI로 활용할 수 있도록 한 서비스다.

오픈AI는 20일(현지시간) 자사의 최신형 AI 모델 'GPT 4-o'에 파인 튜닝 서비스를 도입한다고 발표했다. 파인 튜닝은 기업들이 AI를 특정 용도에 맞게 맞춤화할 수 있는 기능이다. 특정 종류의 작업과 주제를 학습시킨 뒤 원하는 용도로 활용할 수 있도록 했다. 스케이드보드 제조 업체가 바퀴와 보드 관리 세부 사항을 학습시킨 뒤 고객 서비스 챗봇으로 활용하는 식이다.

이번 커스터마이징(개인 맞춤형) 기능은 확대되고 있는 기업 간 거래(B2B) 생성 AI 시장을 정조준했다. 구글과 메타, 앤스로픽 등 테크 기업들이 앞다퉈 생성 AI를 개발하고 나선 가운데 기업 맞춤형 AI를 통해 기업들의 이탈을 막겠다는 것이다.

올리비에 고드망 오픈AI 응용프로그램인터페이스(API) 제품 책임자는 "고객들이 회사와 직접 협력해 가장 강력한 모델을 더 쉽게 조정할 수 있도록 하는 데 주력하고 있다"고 말했다.

실리콘밸리=송영찬 특파원

blog.naver.com/corea2u3/223556419226 (2024.8.22 한국경제뉴스)

[그림 3-15] 오픈AI 파인튜닝 출시관련 뉴스 스크랩

파인튜닝(Fine-Tuning)은 이러한 문제를 극복하기 위해 미리 만들어진 범용적인 인공지능AI 모델((Foundation Model, FM)을 베이스로 원하는 기능을 추가적으로 수정하거나 변경하여 기업이나 사용자가 원하는 모델로 개선하는 작업이다.

일반적으로 파인튜닝을 수행하는 절차는 다음과 같다.

- **1단계 : 기본모델 도입**
  이미 학습된 상용 LLM모델(예:GPT-4o)를 선정한다.

- **2단계 : 데이터준비**
  특정 서비스 분야에 관련된 학습데이터를 준비하고 학습한다.

- **3단계 : 미세조정**
  원하는 결과가 나오는지 검증하고 오류가 발생하면 수정한다.

- **4단계 : 배포 및 평가**
  최종 수정된 모델을 배포하고 성능을 평가한다.

※ 2단계 ~ 4단계를 지속적으로 반복하여 품질과 성능을 개선한다.

파인튜닝을 통해 범용적인 AI시스템을 금융이나 의료 등 특정한 분야의 특화된 인공지능 시스템으로 업그레이드 시킬 수 있다. 사용자의 데이터를 지속적으로 학습하면서 개인별로 맞춤형의 답변을 제공할 수도 있는 등 많은 장점이 있다.

파인튜닝 방법은 이미 학습된 모델을 기반으로 하기 때문에 시행착오를 최소화하면서 높은 성능을 기대할 수 있다. 추가 학습에 드는 시간과 비용이 비교적 저렴한 장점도 있다. 하지만, 학습에 사용되는 데이터의 양과 품질에 따라 성능의 격차가 크다는 점도 주의해야 한다.

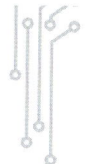

9. 강화학습
(RL, Reinforcement Learning)

파인튜닝(Fine-Tuning)이 기존 범용 인공지능(AI)를 기반으로 특정한 목적에 맞게 업그레이드하고 성능을 개선하는 작업이라면, 강화학습(Reinforcement Learning)은 개발 또는 이미 운영중인 인공지능(AI) 시스템의 품질이나 성능을 지속적으로 강화하는 작업이다.

강화학습((Reinforcement Learning)을 쉽게 설명하면 인공지능(AI) 스스로 학습하면서 점점 똑똑해지는 과정이라 할 수 있다.

강화학습(RL)은 다음 3가지 단계를 반복하는 작업으로 진행된다.

- 1단계 : 행동하기

    (예: 로봇이나 캐릭터가 어떤 행동을 할지 선택한다.)

- 2단계 : 보상받기

    (예: 행동 결과에 따라 좋은 점수나 벌점을 받는다.)

- 3단계 : 학습하기

    (예: 보상을 많이 받은 행동은 자주하고 벌점을 받은 행동은 줄여나간다.)

위의 1단계부터 3단계의 과정을 반복적으로 수행하게 되면 원하는 결과를 출력할 수 있도록 추가적인 학습과 함께 전반적인 성능을 기대할 수 있다.

알파고(AlphaGo)의 경우에도 처음에는 바둑기사가 실제로 게임(대국)한 데이터를 기반으로 학습을 하였다. 아마도 이 단계에서 이세돌 9단과 대결했다면 이세돌 9단이 승리했을 가능성이 훨씬 더 높았을 것이다.

알파고는 인공지능 성능을 향상하기 위해 수 많은 강화학습을 반복적으로 시행하였다. 바둑기사의 실제 게임(대국) 데이터를 일차적으로 학습한 알파고 시스템들끼리 수 많은 자체 게임(대국)을 수행하였다. 그 결과 승리한 알파고(AlphaGo)는 좋은 점수를 획득하고, 패배한 알파고(AlphaGo)는 벌점을 받았다.

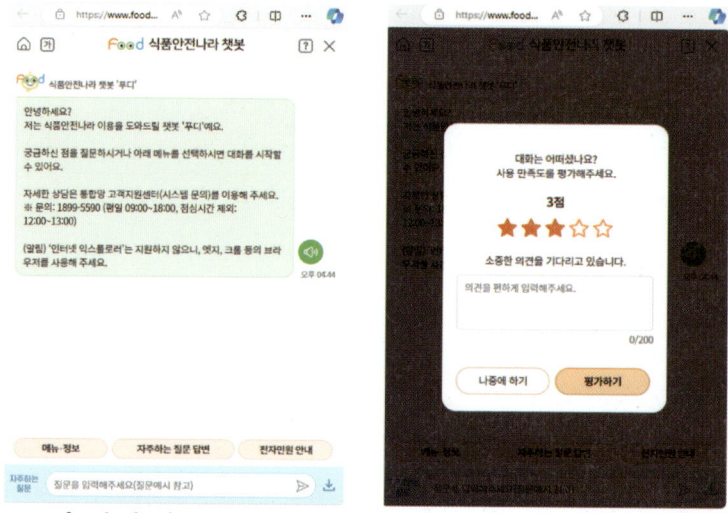

[그림 3-16] 챗봇 서비스에서 사용자 만족도 응답 예시

승리한 알파고의 좋은 점수를 획득한 기술을 다음 번 경기에서 활용하고, 벌점을 받은 알파고는 벌점을 받은 기술의 활용을 하지 않는 방법으로 지속적으로 학습(개선)시키는 작업을 반복하는 것으로 전체적인 성능을 높이는 원리이다.

인공지능(AI) 챗봇 등의 서비스들도 종료하기 전에 '사용 만족도'를 사용자에게 요청하는 경우가 많다. 이러한 사용자 만족도 결과도 강화학습을 위한 가점과 감점 데이터로 활용할 수 있다. 만족도 점수에 따라 다음 번 서비스를 할 때 그 결과를 참고함으로써 인공지능의 성능을 개선할 수 있다.

10. RAG
(Retrieval-Augmented
Generation)

파인튜닝(Fine-tuning)은 범용 인공지능AI 모델(FM)에 필요한 데이터를 직접 적재하거나 학습시켜야 하기 때문에 정보 유출 우려와 많은 튜닝 비용 등을 투입해야 하는 문제점이 있을 수 있다. 특히, ERP나 SCM의 데이터와 같이 실시간 또는 자주 변경되는 데이터들이 있다면 파인튜닝(Fine-tuning)만으로 구현이 불가능하다.

RAG(Retrieval-Augmented Generation, 검색 증강 생성)는 파인튜닝과 마찬가지로 범용 생성형 인공지능(AI) 모델을 기반으로 특정 목적의 인공지능 시스템을 구현하는 방법이다.

〈표 3-9〉 RAG가 적극 활용되는 이유

구분	내용
데이터보안	-기업의 민감한 데이터를 직접 업로드 하지 않는다. -별도의 지식 베이스에 저장되어 보안을 강화할 수 있다.
빠른 변경 유지보수	-새로운 정보가 추가되거나 변경 시 해당 지식베이스만 수정하면 바로 최신의 정보로 서비스 제공할 수 있다.
유연성	-다양한 형태의 데이터(문서, 표, 그림) 등을 저장할 수 있다. -필요에 따라 빠르게 검색 및 활용이 가능하다.

파인튜닝(FT)과 대비되는 RAG의 가장 큰 차이점과 특징은 필요한 데이터를 범용 인공지능(AI) 시스템이 직접 저장 또는 관리하지 않는다는 것이다. 인공지능 시스템이 필요로 하는 데이터는 별도의 지식베이스에서 독립적으로 관리되고 유지되며 그 형태는 데이터베이스, 이미지, 문서 데이터 등 다양한 형식들을 지원한다.

특히, 기업에서 많이 활용되고 있는 ERP, MES, BI/DW 등 다양한 시스템의 데이터를 생성형 인공지능(AI)이 가장 먼저 검색하여 답변하게 함으로써 생성형AI의 큰 문제점인 환각현상(할루시네이션, Hallucination)을 획기적으로 줄일 수 있다.

RAG는 민감한 기업데이터를 외부의 생성형AI 시스템에 직접 업로드하지 않고 별도의 지식베이스에서 관리하기 때문에 정보유출 등의 문제에서도 상대적으로 안전하다. 무엇보다 시시각각 바뀌는 기업의 데이터를 바로 반영할 수 있다는 것이 가장 큰 장점이다.

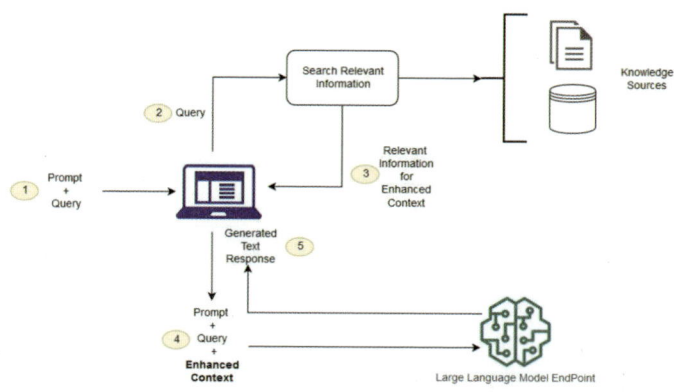

aws.amazon.com/ko/what-is/retrieval-augmented-generation/

[그림 3-17] AWS RAG 관련 개념도

11. 프롬프트 엔지니어링 (Prompt Engineering)

프롬프트 엔지니어링은 특히 대규모 언어 모델(LLM) 등 생성형 인공지능(AI)을 효과적으로 활용하기 위한 가장 쉽고 간편한 방법이다. 프롬프트 엔지니어링은 간단히 말해 생성형 인공지능(AI)의 명령 텍스트를 명확하게 전달하기 위한 일련의 과정과 체계이다.

마치, 컴퓨터 프로그램을 개발할 때 체계적으로 명령어를 작성하여 컴퓨터에게 특정 작업을 수행하도록 지시하는 것과 유사하다.

[그림 3-18] 프롬프트 입력하는 화면 캡쳐

프롬프트 엔지니어링도 인공지능 모델에게 원하는 결과를 얻을 수 있도록 자연어 프로그래밍을 효과적으로 입력하는 작업이다.

파인튜닝(FT), 강화학습(RL) 등과 마찬가지로 프롬프트를 체계적으로 입력하는 것으로도 인공지능의 성능이나 품질을 향상시킬 수 있다. 프롬프트를 통해 성능이나 답변 품질을 개선하기 위해서는 '명확성', '구체성', '맥락', '형식', '제약조건', '명확성' 등을 고려하여 작성하는 것이 좋다.

〈표 3-10〉 프롬프트 엔지니어링 주요 고려사항

구분	내용	비고
명확성	질문의 의도를 명확하게 전달	-지구 온난화의 원인은 무엇이며, 해결 방안은 뭐야?
구체성	추상적인 질문보다 구체적인 질문 제시	-서울에서 가볼 만한 맛집을 추천해 줘. -〉 서울 강남역 근처에서 퓨전 한식 맛집을 추천해줘.
맥락	질문과 관련된 배경지식 등 추가 정보 제공	-코로나19 바이러스에 대한 백신 개발 현황을 알려줘. -특히 mRNA 백신의 장단점에 대해 자세히 설명해줘.
형식	답변의 형식 지정 (요약, 목록, 표 등)	-다음 주 여행 계획을 세우고 싶어. -제주도에서 가볼 만한 곳 5곳을 추천해 줘. -각 장소에 대한 간단한 설명과 함께 사진도 첨부해줘.
제약 조건	답변에 대한 제약 조건 설정 (예: 글자 수, 포함해야 할 단어 등)	-인공지능의 미래에 대한 짧은 시를 지어주세요. -시에는 '인간', '기계', '공존'이라는 단어가 포함되어야 해
모델의 특징	사용하는 모델의 강점과 약점을 고려	-GPT-3 모델은 창의적인 글쓰기에 강하지만, 최신 정보에 대한 정확도는 상대적으로 낮을 수도 있다는 점을 고려해야 함

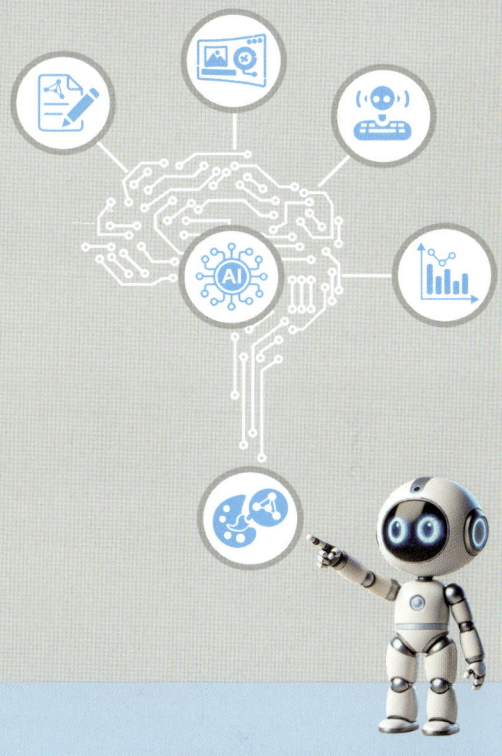

제4장
일반 AI 활용 사례

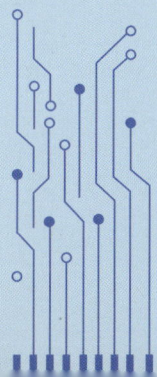

1. GPT 주요 활용분야

GPT가 처음 발표된 시기에는 사용자들은 주로 궁금한 문제, 아이디어, 학습이나 창작물 작성 등에 도움을 받기 위해 사용하는 경우가 많았다.

[그림 4-1] GPT가 할 수 있는 분야 질문에 대한 대답 (2023년초)

2023년초 저자가 수강했던 '인공지능(AI) 관련 강의'에서는 다음과 같이 설명한다.

ChatGPT에게 물었다. 네가 할 수 있는 가장 쿨한 응용이 뭐야?

- 요약 :

    시나리오, 소설 등의 창작물과 아이디어 브레인스토밍, 학습도움, 퍼즐 및 게임, 프로그래밍, 요리 레시피 등에 대해 도움을 줄 수 있다.

2024년 8월 저자는 ChatGPT에 동일한 질문을 다시 한번 더 물어 보았다. 약 1년 정도의 짧은 세월이 지났는데 답변이 훨씬 더 구체적이고 확장되었음을 알 수 있었다.

아마도, ChatGPT-4o 버전이 발표되면서 커뮤니케이션 채널이 옴니채널(omni)로 확장된 결과로 풀이된다. 이제는 음성으로 의사소통이 가능하게 되고, 카메라를 통해 인공지능과 동일한 사물을 함께 보고 느낄 수 있게 된 영향이다.

실시간 언어번역, 창의적 콘텐츠 생성, 개인비서, 교육도구, 가정상담사, 코딩 및 디버깅, 데이터 분석, 스마트 홈 통합, 게임시나리오 작성, 헬스케어 등 좀 더 세부적이고 광범위해 지고 있음을 알 수 있다.

가장 쿨한 응용: ChatGPT의 활용

1. 실시간 언어 번역
   - 다국어 실시간 대화 지원
   - 여행 중 실시간 번역
2. 창의적 콘텐츠 생성
   - 소설, 시, 대본 작성
   - 마케팅 카피, 광고 문구 생성
3. 개인 비서 기능
   - 일정 관리 및 알림
   - 이메일 작성 및 정리
4. 교육 도구
   - 학습 자료 제공
   - 복잡한 개념 설명 및 문제 해결
5. 가상 상담사
   - 정신 건강 상담 및 지원
   - 고객 서비스 및 지원
6. 코딩 및 디버깅
   - 코드 작성 및 최적화
   - 버그 해결 및 코드 리뷰
7. 데이터 분석 지원
   - 데이터 시각화
   - 통계 분석 및 해석
8. 스마트 홈 통합
   - 음성 명령을 통한 스마트 디바이스 제어
   - 가정 내 자동화 시스템 관리
9. 게임 시나리오 생성
   - 게임 내 대화 및 스토리라인 생성
   - NPC 대화 및 행동 설정
10. 헬스케어 지원
    - 증상 분석 및 초기 진단
    - 건강 관리 조언 제공

ChatGPT의 다양한 응용은 개인화된 경험을 제공하고, 다양한 산업 분야에서 혁신을 촉진합니다.

[그림 4-2] GPT가 할 수 있는 분야 질문에 대한 대답 (2024년 8월)

애플의 아이폰도 보안을 강화하기 위해 음성 녹음 등을 엄격히 통제하는 정책을 고수하였지만 최근의 옴니채널 확장 추세를 반영하기 위해 전격적으로 음성 녹음 기능을 지원할 수 있도록 방향을 바꾼 것도 이 같은 움직임 때문이다.

2. 이미지 생성 및 활용

유튜브(Youtube)나 홈페이지를 만들 때 사용할 이미지를 만드는 것은 초보자 입장에서는 너무나 난감하고 어려운 작업이었다. 전문가들에게 별도의 비용을 지불하고 원하는 이미지나 디자인을 만드는 경우가 많았다.

[그림 4-3] 거래처 대표님의 유튜브 동영상 화면 캡쳐

어느 날 거래처 대표님이 직접 유튜브 채널을 개설하고 동영상 콘텐츠를 인공지능(AI)으로 만들었다는 얘기를 들었다. 나이가 적지 않으신 분이 인공지능(AI)으로 유튜브 콘텐츠를 만들었다니 충격이 아닐 수 없었다.

저자는 유튜브 채널을 구독하고 만들어진 콘텐츠 동영상을 실제 봤는데 완성도가 제법 높아 보였다. 관련된 이미지들도 전문가들이 만든 것처럼 시나리오에 적합한 이미지 동영상들로 화려하게 장식되어 있었다.

www.youtube.com/shorts/xljirQMzlRl

[그림 4-4] 거래처 대표님의 유튜브 동영상 화면 캡쳐

거래처 대표님께 인공지능(AI)을 활용하여 유튜브 콘텐츠를 만드는 과정을 직접 시연 요청을 해 보았는데 그 과정은 다음과 같았다.

1) 코파일럿 접속 : MS 코파일럿 사이트 접속한다.

2) 과거 대화이력 확인 : 과거의 입력한 프롬프트(명령어)들이 지워지지 않고 관리되고 있었다. 이 프롬프트 기록들은 앞으로 만들어질 이미지에 영향을 미친다.

3) 새로운 이미지 생성 : 원하는 시나리오 내용을 입력하면서 이미지를 생성한다. 물론, 사용자가 원하는 수준의 이미지가 바로 생성되지 않았다. 계속적으로 프롬프트(명령어)를 수정하거나 보완하여야 한다.

4) 동영상 변환 : 동영상으로 변환하는 프로그램에서 이미지를 순서대로 나열하고 설정을 수행한다.

5) 업로드 : 완성된 동영상을 유튜브 계정에 업로드한다.

유튜브 콘텐츠를 인공지능을 활용해 만드는 과정은 그리 어렵지 않은 느낌이었다.

위에서 설명한 방법 외에도 다양한 인공지능(AI) 서비스를 활용하여 훨씬 더 쉽게 만들 수 있을 것이다. 막연히 어렵다는 선입관 보다는 업무에 적용하고자 하는 노력과 자세가 무엇보다 중요하다는 것을 새삼 느꼈다.

[그림 4-5] 거래처 대표님의 유튜브 동영상 화면 캡쳐

3. 어도비 AI 이미지 생성

이미지 편집 소프트웨어 어도비(Adobe)의 포토샵(Photo-shop)에서도 생성형 인공지능(AI)을 사용할 수 있다. 사용하는 방법도 간단하다. ChatGPT 처럼 원하는 이미지를 생성할 수 있도록 프롬프트에 생성하고자 하는 내용을 텍스트로 입력한 후 '생성' 버튼을 누르면 원하는 이미지가 자동으로 만들어진다.

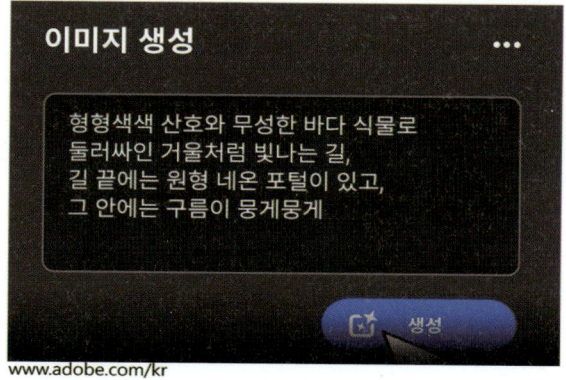

[그림 4-6] 어도비 AI 활용 소개 영상 캡쳐

특이한 점은 생성된 이미지에서 일부 영역을 지정 후에 인공지능(AI) 프롬프트에 수정하고자 하는 내용을 입력하면 특정 일부 영역의 이미지를 수정할 수 있다는 것이다.

[그림 4-7] 최종 수정 완료된 이미지 예시

4. Playground 이미지 생성

'Playground.com'은 이미지를 다양한 스타일로 그려주는 생성형 인공지능(AI) 이미지 생성 사이트이다.

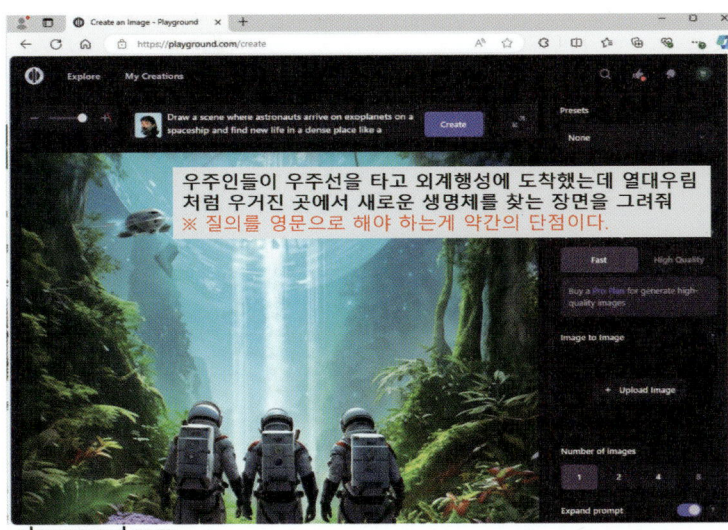

[그림 4-8] Playground.com 사이트를 활용한 이미지 생성 예시

이 사이트로 사실처럼 생생한 이미지를 생성할 수도 있으며 만화처럼 특징적인 형태의 이미지를 만들 수도 있다.

조금 불편한 점이라면 아직까지는 프롬프트에 반드시 영문으로 입력해야 한다는 것이다. 앞으로 빠른 시일 내에 한글로 입력이 가능이 가능할 것으로 예상된다. 그럼에도 불구하고 사용자가 원하는 유형의 이미지를 비교적 쉽고 빠르게 얻을 수 있는 장점이 더 크기 때문에 이 같은 불편함에도 사용자들로부터 많은 호응을 얻고 있다.

5. 마인드맵 생성

마인드맵(Mind Map)은 단순히 정보를 정리하는 도구를 넘어 새로운 아이디어나 기획을 하는 등 우리의 사고방식을 변화시키고 창의력을 키울 수 있는 매우 강력한 도구이다.

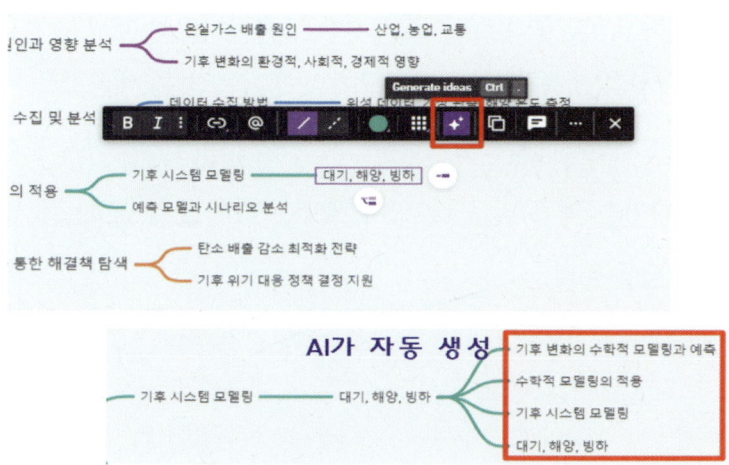

[그림 4-9] AI를 활용한 마인드맵 활용 예시

마인드맵은 머리 속의 생각이나 개념들을 마치 지도를 그리듯이 이해하며 정리하는 방법으로 복잡한 문제를 파악하거나 다양한 문제를 해결하는데 탁월하다. 중심 주제에서 여러 가지로 뻗어 나가면서 시각화하는 방사형 계층 구조를 가지고 있으며 각 가지간 연결로 연관성을 시각적으로 표현하기 쉽다.

지금까지 마인드맵을 작성할 수 있는 소프트웨어들은 있었지만 마인드맵을 채울 항목이나 내용들을 사용자가 직접 입력해야 하기 때문에 시간이 많이 소요되고 조작법을 익히는데도 불편한 점이 있었다.

생성형 인공지능(AI)이 마인드맵에 도입되면서 사용자는 인공지능(AI)의 도움을 받아 키워드에 파생되는 하위 내용들을 자동으로 제안 받을 수 있게 된다. 사용자가 미처 생각하지 못한 아이디어를 제공 받을 수 있어 새로운 가치를 창출하는데 많은 도움을 준다.

6. 프로그래밍 코드 생성

생성형AI는 프로그래밍 개발에도 적극적으로 활용할 수 있다.

프로그래밍 지식 없는 초보 개발자도 원하는 프로그램을 충분히 개발하도록 도움을 줄 수 있으며, 전문 개발자도 새로운 기능, 각종 오류의 원인 등 해결하기 어려운 이슈를 빠르게 해결하는데 도움을 받을 수 있다.

파이썬(Python), 자바(Jave) 등 사용자층이 많은 프로그래밍 언어들을 중심으로 활발하게 활용되고 있으며 인공지능이 전문개발자 수준 이상의 실력을 발휘하여 프로그램을 작성하거나 오류 등을 해결할 수 있다.

또한, 이미 개발된 프로그래밍 코드를 다른 언어나 업그레이드된 버전으로 바꾸는 작업에서도 탁월한 성능을 발휘한다.

프로그래밍 코드 생성은 인공지능을 적용 하는데 매우 적합한 분야로서, ChatGPT 외에 프로그래밍에 특화된 제품이나 서비스가 지속적으로 출시되고 있다.

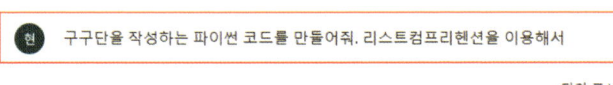

[그림 4-10] 생성형AI를 활용한 프로그래밍 코드 생성 예시

7. PDF AI 요약
(www.chatpdf.com)

방대한 양의 정보가 담긴 PDF 문서를 빠르고 정확하게 이해하고 활용하는 것은 현대 사회에서 필수적인 역량이 되었다. 연구자, 학생, 직장인 등 다양한 분야의 사람들은 매일 많은 양의 PDF 문서를 접하고 있고, 이 문서의 핵심내용을 빠르게 파악하고 분석하는 능력이 경쟁력으로 자리 잡고 있다.

Chatpdf.com은 인공지능(AI) 기술을 활용하여 PDF문서를 빠르고 정확하게 요약하고 사용자는 그 결과를 기반으로 쉽고 편리하게 자연어로 검색할 수 있다.

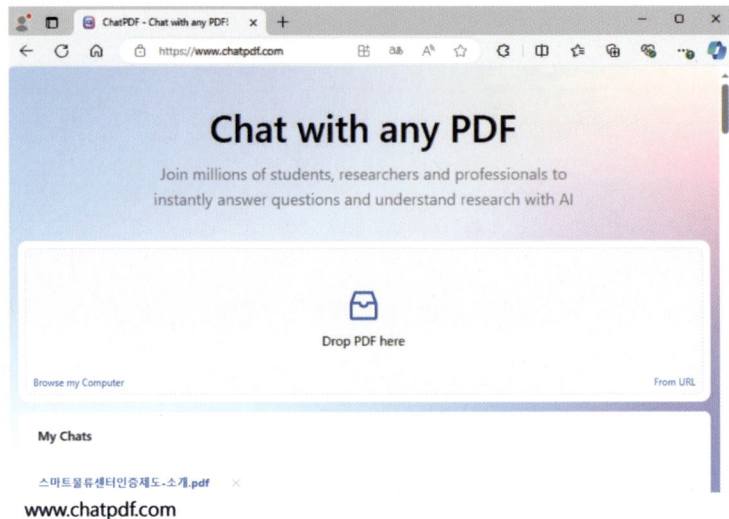

[그림 4-11] ChatPDF 화면 (파일 업로드 예시)

Chatpdf.com PDF 요약시스템은 다음과 같은 절차로 수행된다.

1) **문서업로드** : 사용자가 요약하고 싶은 PDF 파일을 시스템에 업로드 처리한다.

2) **텍스트추출** : 업로드된 PDF 파일에서 텍스트, 표 이미지 등의 데이터를 추출한다.

3) 자연어처리 : 추출된 데이터를 자연어 처리 기술을 이용하여 분석한다. 문장의 의미, 단어간의 관계 등을 파악하여 문서의 핵심 내용을 파악한다.

4) 요약생성 : 분석된 결과를 바탕으로 문서의 핵심내용을 요약한다. 요약된 내용의 길이, 스타일 등은 사용자의 설정에 따라 변경된다.

사용자가 PDF문서를 인터넷 페이지에 드래그하여 업로드(Upload)하면 나머지는 AI가 대부분 알아서 요약하여 사용자에게 결과를 전달한다.

AI기반 PDF 요약시스템을 통해 기업체 등에서 회의록, 보고서 등을 문서를 빠르게 요약할 수 있어 빠른 의사결정 체계를 만들 수 있다. 학계에서도 논문, 보고서 등 방대한 양의 학술자료도 빠르게 분석하고 핵심내용을 파악하는데 용이하기 때문에 연구의 품질과 생산성 향상에 큰 도움을 준다.

AI기반 PDF 요약시스템을 PDF파일 뿐만 아니라 워드, 파워포인트문서 등 다양한 형태의 문서도 요약하거나 파악된 내용을 다른 언어로 자동 변환하는 다양한 기능으로 업그레이드될 것이다.

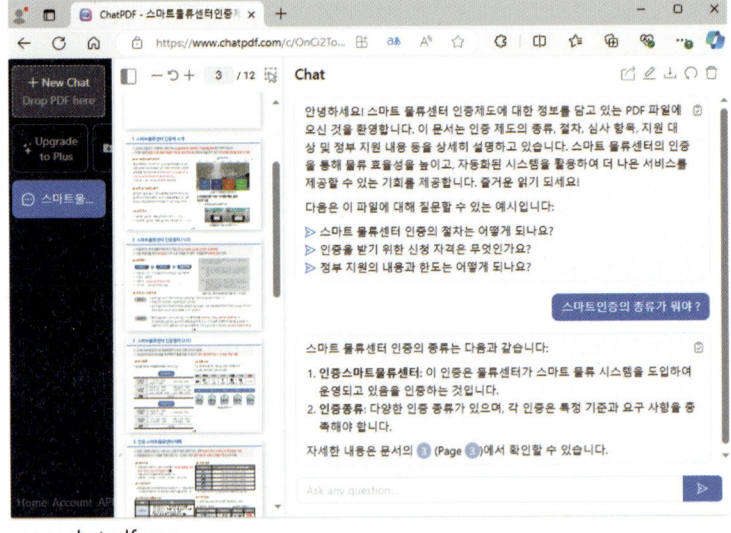

[그림 4-12] PDF문서 AI분석 및 프롬프트 질의 화면 예시

8. PPT 파일을 만들어주는 AI (gamma.app)

프레젠테이션은 성공적인 커뮤니케이션에서 매우 중요한 요소이다. 하지만 새로운 PPT문서를 만드는 것은 시간과 노력이 많이 소요되는 힘든 작업이다.

Gamma.app는 인공지능AI 기술을 활용하여 간단히 텍스트로 주요 내용을 입력하는 것만으로도 높은 수준의 프레젠테이션(PPT) 문서를 생성해 주는 매우 혁신적인 서비스이다.

Gamma.app에 프레젠테이션을 작성하고자 하는 주제에 관련된 텍스트를 입력하면 AI가 내용을 분석하고 PPT 슬라이드를 자동으로 만들어 준다. 이때 다양한 스타일의 템플릿을 선택할 수 있으며 이미지도 주제에 맞게 자동으로 검색 또는 생성해 준다.

사용방법도 매우 간단하다. 먼저 웹사이트에 접속하여 계정을 생성하고 새로운 프레젠테이션을 만든다. 이후 작성하고자 하는 주제와 관련된 내용을 입력하면 자동으로 슬라이드를 생성해 준다. 필요에 따라 디자인, 레이아웃, 이미지 등을 추가로 수정하거나 변경도 가능하다.

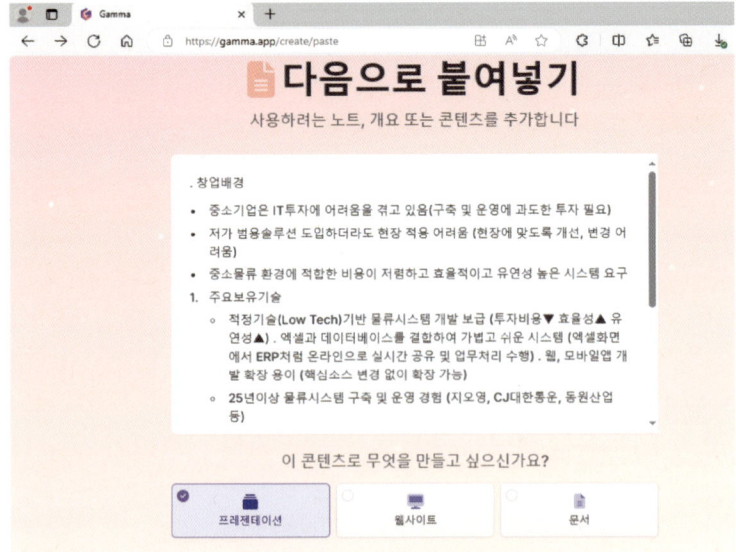

[그림 4-13] gamma.app 사이트에 필요한 내용과 결과물을 선택한다.

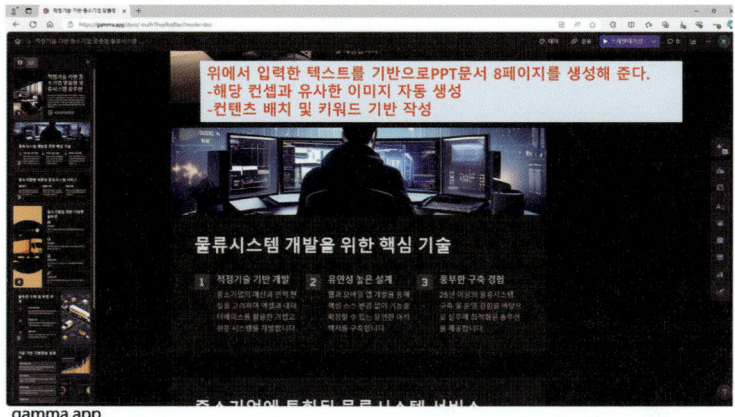

[그림 4-14] gamma.app 사이트에서 PPT문서를
자동으로 생성한 화면 예시

9. 음악을 만들어 주는 AI(suno.com)

음악을 만드는 것은 악기를 다룰 줄 알거나 음악 이론에 대한 이해를 할 수 있는 전문가들의 영역이었다. 하지만 인공지능의 등장으로 누구나 쉽게 음악을 만들 수 있는 시대가 열렸다. 'Suno.com'은 이러한 변화를 이끌어 가는 대표적인 플랫폼이다.

Suno.com은 사용자가 원하는 음악 스타일, 분위기, 가사 등을 텍스트로 입력하면 인공지능(AI)은 의도를 파악하고 이에 적합한 음악을 자동으로 만들어 준다. 복잡한 음악 이론이나 악기 연주 기술 없이도 누구나 쉽게 자신만의 음악을 만들 수 있게 된 것이다.

이렇게 생성된 음악들은 저작권에 제약에 자유롭기 때문에 동영상 등을 SNS에 배포할 경우에도 활용될 수 있다.

사용하는 방법도 간단하다. 원하는 음악에 대해 간단히 텍스트로 입력하면 이를 반영하여 음악을 생성해 주고, 일부 수정이나 변경할 수도 있다.

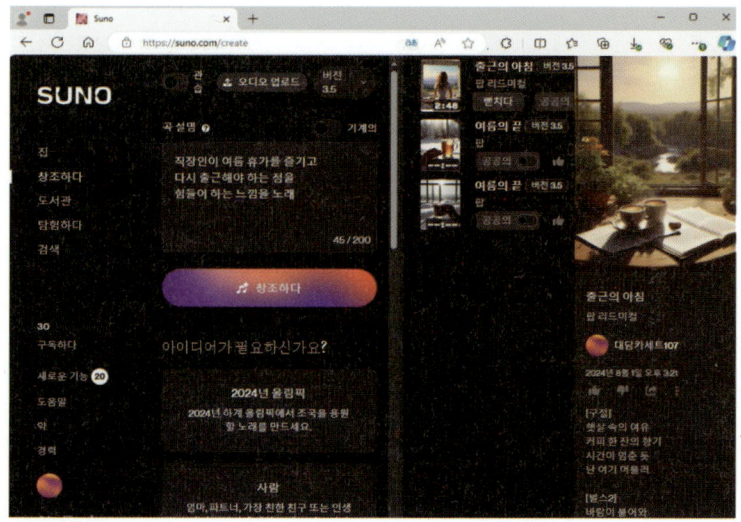

[그림 4-15] suno.com을 활용한 음악 생성 화면 예시

제5장
기업 AI 활용 사례

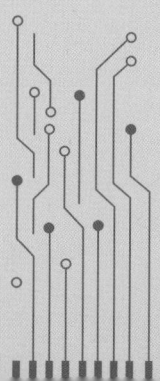

1. SAP AI 코파일럿 쥴(Joule)

SAP(Systems, Applications, and Products in data processing)는 세계적으로 사용자가 가장 많은 ERP(Enterprise Resource Planning)시스템이다. ERP시스템은 기업의 재무, 생산, 구매, 자재, 영업, 인사 등 전사의 모든 데이터를 통합하여 관리하고 이를 다양하게 분석하여 활용함으로써 기업의 성과를 향상시킬 수 있는 시스템이다.

SAP ERP는 다양한 비즈니스에도 적용할 수 있도록 데이터 구조가 표준화되어 있기 때문에 인공지능이 학습하고 다양한 인공지능 서비스를 적용 하기에 최적의 시스템으로 평가된다.

실제 SAP는 생성형 인공지능(AI)시스템 '쥴(Joule)' 발표하였다. 이를 사용하면 개발자들이 보고서를 별도 개발하지 않고도 '쥴(Joule)'에서 자연어로 원하는 내용을 입력하면 바로 리포트를 생성하거나 데이터를 분석할 수 있다.

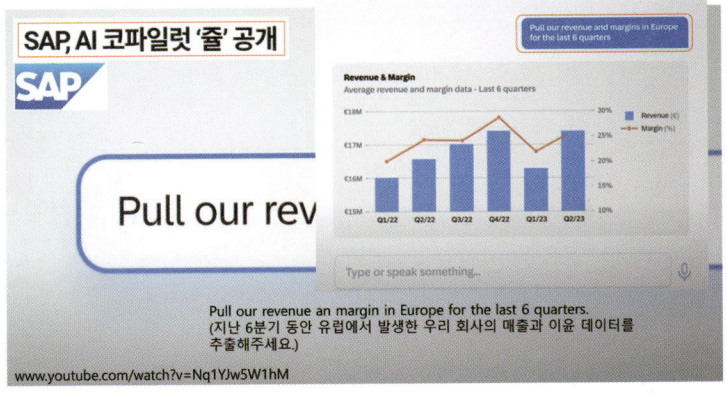

[그림 5-1] SAP 코파일럿 쥴로 보고서를 생성하는 화면 예시

아직까지 개발 초기 단계이기 때문에 시행착오, 비용 문제, 한글화 등 극복해야 할 요소들이 많겠지만 성공 및 활용 가능성은 충분해 보인다.

앞으로 기업에서 활용되는 ERP, SCM, CRM 등 기업의 다른 솔루션들도 경쟁력 강화를 위해 SAP의 쥴(Joule)과 같은 생성형 인공지능 시스템들이 개발되고 적극 활용될 전망이다.

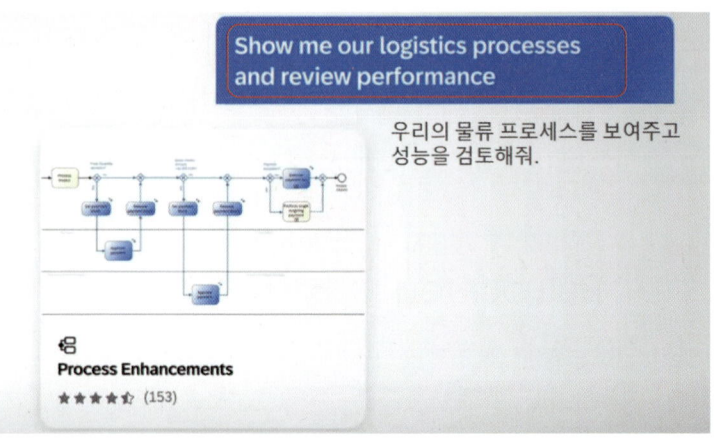

[그림 5-2] SAP 코파일럿 쥴로 물류프로세스 관련 질의 화면

2. 설비관리 AI 챗봇

4차 산업혁명 시대에서 인공지능(AI) 기술이 기업 현장에 빠르게 스며들고 있다. 특히, 제조업 분야에서는 인공지능(AI)을 활용하여 설비의 효율성을 높이고 예측 불가능한 문제 발생을 미연에 방지하려는 노력에 더욱 적극적이다. 이러한 흐름에서 인공지능(AI) 챗봇시스템은 설비점검 및 예방정비 분야에서 더욱 주목 받고 있다.

기존의 설비관리시스템은 주로 사람이 직접 설비를 점검하고 데이터를 기록하고 이를 분석하는 방식으로 운영된다. 빅데이터(BigData)를 활용해 문제를 사전 예측하고 미리 예방하기 위한 시도들이 많이 있었지만 시간과 비용이 많이 투입되고, 사람의 실수로 인한 오류 발생 가능성이 상존하는 문제들이 있었다. 이로 인해 갑작스러운 설비 고장으로 인한 생산 차질이 발생하거나 안전 사고가 발생하는 경우도 있었다.

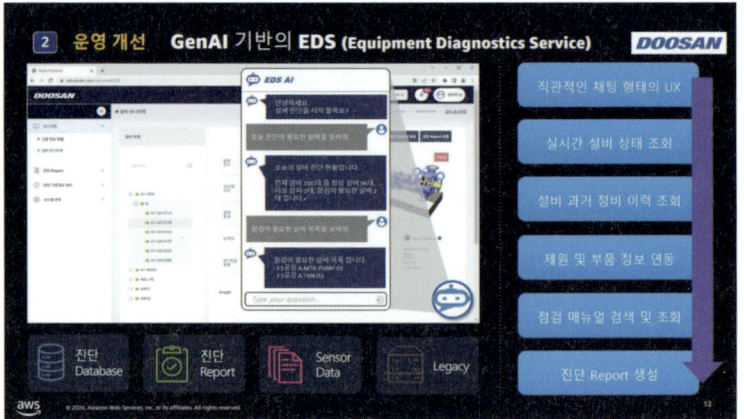

[그림 5-3] AWS 활용 두산 설비점검 AI챗봇 예시 (2024, 세미나자료)

이러한 문제점들을 해결하기 위해 인공지능 기반의 AI챗봇 설비관리 시스템이 개발 활용되고 있다. AI챗봇의 자연어 처리 기술을 기반으로 사람과의 자연스러운 대화를 통해 설비의 상태를 세부적으로 진단할 수 있으며 예측된 정보를 기반으로 보다 적극적인 설비관리를 수행할 수 있다.

3. 회사 규정 및 매뉴얼 서비스 AI 챗봇

챗봇서비스는 GPT 등의 생성형 인공지능(AI)를 적용 및 활용하기에 가장 적합한 분야이다.

기존의 전통적인 챗봇 서비스는 미리 정의된 시나리오를 기반으로 개발되었기 때문에 이를 조금이라도 벗어난 답변이나 상황이 발생한다면 오류가 발생하거나 정상적인 서비스를 하지 못하는 문제점이 상존하였다.

기존 챗봇 서비스에서 이와 같은 문제를 해결하기 위해서 상황이 바뀔 때마다 시스템을 수정해야 했기 때문에 효율성과 실시간 대응력이 떨어지는 문제로 인해 고객들로부터 외면 받는 경우가 많았다.

[그림 5-4] AWS AI를 활용한 스타벅스 AI챗봇 화면 예시 (2024,세미나자료)

생성형 AI 기반의 챗봇 서비스를 도입하면 환각현상(할루시네이션) 문제로 어려움을 겪을 가능성이 매우 높다. 환각현상(할루시네이션)으로 인해 상황에 맞지 않은 엉뚱한 답변이 발생할 수 있기 때문에 신중한 접근이 필요하다. 이와 함께 사용량에 따라 다르겠지만 사용량이 늘어나면 그에 따른 높은 비용도 부담해야 한다.

이 때문에 외부고객보다는 우선적으로 내부고객을 대상으로 서비스를 적용하는 것이 유리하다. 내부 고객을 대상으로 충분히 검증한 후에 대외 서비스 영역으로 점차 확대하는 방식이 보다 안정적이다.

스타벅스코리아는 이 같은 상황을 반영하여 내부직원을 대상으로 회사규정 및 매뉴얼에 대한 AI챗봇 서비스를 우선적으로 개발하여 서비스하고 있다. 스타벅스코리아 또한 외부고객보다는 상대적으로 위험부담이 적은 내부고객을 대상으로 먼저 서비스를 시작한 것이다.

AI챗봇 서비스는 반응형 웹시스템으로 개발했기 때문에 스마트폰, 태블릿 등 다양한 모바일 장비에서 바로 이용할 수 있다.

사내의 회사규정 및 프로세스, 매뉴얼 등을 미리 학습시키고 이를 기반으로 사용자의 다양한 질문에 대한 답변과 근거 참고자료 등을 상세하게 알려준다.

수시로 바뀌는 규정, 매뉴얼도 빠르게 반영할 수 있는 인공지능 학습 체계를 구축하여 신속하게 변경된 제도나 규정을 전파할 수 있는 장점도 있다.

아마도 스타벅스코리아 AI챗봇 역시 처음에는 다소 정확도가 낮고 부정확한 답변을 제공하는 경우가 많았을 것으로 예상된다. 이를 사용자의 피드백(좋아요, 싫어요) 데이터를 통하여 지속적인 강화학습(Reinforcement Learning)을 수행하면서 답변의 정확도를 높이는데 기여했을 것으로 판단된다.

AI챗봇 서비스는 통해 스타벅스코리아 내부 사용자들에게 만족도 높은 서비스로써 자리 매감하고 있으며 더 나아가 외부 고객을 대상으로 개발될 AI챗봇 서비스 역시 기대된다.

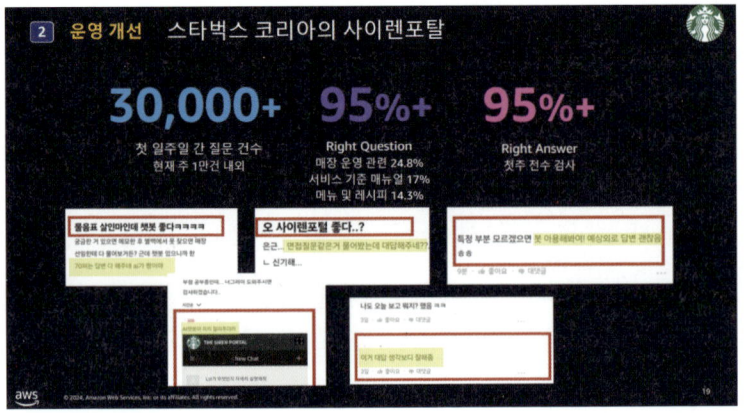

[그림 5-5] AWS AI 활용 스타벅스 사내 챗봇 서비스 반응 (2024, 세미나자료)

4. AI 통역 서비스

글로벌화 시대에서 다국어 커뮤니케이션 역량은 기업 비즈니스에서 매우 중요하다. 하지만 언어의 장벽은 여전히 효과적인 의사소통을 가로막는 요소이다. 이러한 문제를 해결하기 위한 방안 중 롯데백화점은 생성형 인공지능(AI)을 활용한 통역 시스템을 활용하고 있다.

생성형AI를 활용하면 기존의 기계 번역 시스템의 부정확한 번역 문제를 극복하고 자연스럽고 정확한 번역을 할 수 있다.

AI통역서비스는 SKT에서 출시한 AI통역 솔루션 '트랜스토커'를 기반으로 영어, 일본어, 중국어, 베트남어, 스페인어, 태국어 등 총 13개 언어의 실시간 통역을 지원한다.

'트랜스토커'는 최적의 통역 서비스를 위해 음성인식기술, 자연어처리, 번역, GPT기반의 LLM(거대언어모델) 등의 기술들을 융합하여 만든 시스템이다.

[그림 5-6] 롯데백화점 AI 통역 서비스 이용하는 모습

외국인 고객이 안내데스크에 설치된 디스플레이 앞에서 본인의 언어로 질문하면 한국어로 번역된 문장이 안내데스크 담당자에게 표시된다. 이를 확인 후 안내데스크 직원이 한국어로 대답하면 다시 해당 언어로 실시간으로 번역되어 외국인이 볼 수 있도록 개발되었다.

안내데스크의 담당자 없이 AI가 독자적으로 통역 서비스를 수행할 수도 있을 것이지만, 서비스 초기 시행착오 등을 고려한 것으로 보인다.

5. 물류 서비스 및 리스크 대응 AI 활용

다양한 이해관계자와 복잡한 프로세스로 수행되는 물류환경은 인공지능(AI)을 도입을 하기에 다소 까다롭다.

항공, 해운, 육상 등 다양한 수배송 시스템과 수많은 물류창고와 설비 등이 혼재되어 있고 근무하는 수많은 이해관계자들도 동시 다발적으로 업무를 처리하고 있기 때문에 실시간으로 물동량을 취합하거나 데이터들을 분석하기 위해서는 여러 시스템의 데이터를 일일이 검색하고 취합하여 분석하는 등 어려움이 많았다.

삼성SDS는 생성형 인공지능(AI)을 활용해 물류 수행에 필요한 정보를 자연어로 입력하면 인공지능(AI)이 자동으로 데이터를 취합하고 보고서 등을 작성해 줄 수 있는 시스템을 개발하여 서비스하고 있다.

또한, 물류 서비스는 내외의 정치, 경제, 사회 등 여러 가지 요인들에 의해 심각한 영향을 받는 산업중의 하나이다. 특정 국가의 전쟁이나 중대한 사고 등이 갑작스럽게 발발하면 신속하게 관련 대처를 해야 한다. 적절히 대응하지 않으면 물류 서비스 수준이 저하될 뿐만 아니라 엄청난 비용을 추가 부담해야 하는 경우가 발생할 수 있기 때문이다.

삼성SDS는 이를 해결하기 위해 매일 실시간으로 국내외 6만건 이상의 글로벌 뉴스를 인공지능 머신러닝 시스템으로 수집하고 실시간 분석하고 있다. 이렇게 수집 분석된 데이터는 생성형 AI가 위험도를 판단하고 사전에 관리자들이 대응할 수 있도록 필요한 정보를 신속하게 제공한다.

[그림 5-7] 삼성SDS 물류분야 AI 활용 소개 기사

6. 인공지능AI 로봇 활용

기존의 로봇들은 위험도가 높은 작업, 사람이 투입되기 어려운 환경이나 생산성을 극대화 할 수 있는 분야 등에서 한정적으로 활용되었다.

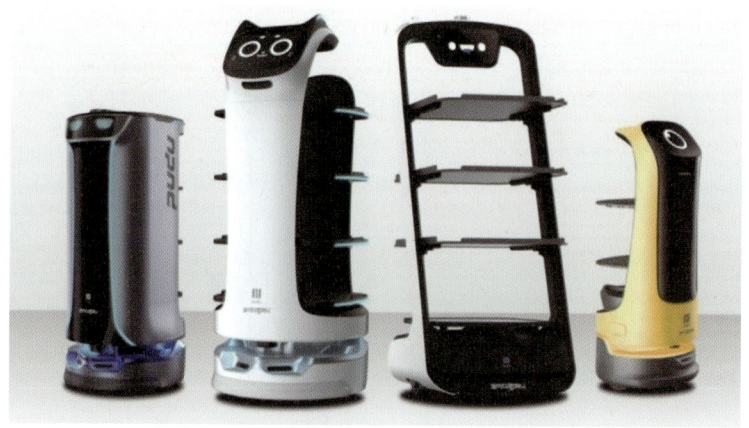

[그림 5-8] 식당등에서 활용하고 있는 서빙로봇

인공지능(AI) 이라기 보다는 미리 프로그래밍되어 단순 반복 수행하는 자동화(Automation)된 로봇들이 많았기 때문에 작은 프로세스 환경 변화에도 일일이 프로그램이나 설정을 수정해야 하는 등 운영을 위한 노력과 비용 부담이 높았다.

최근 인공지능(AI) 기술 발전과 로봇 제작사들의 시장 확장 노력 덕분에 저렴하면서도 신뢰성 높은 인공지능 로봇들이 속속 개발되고 있어 우리의 실생활에서도 점차 활용도가 높아지는 추세이다.

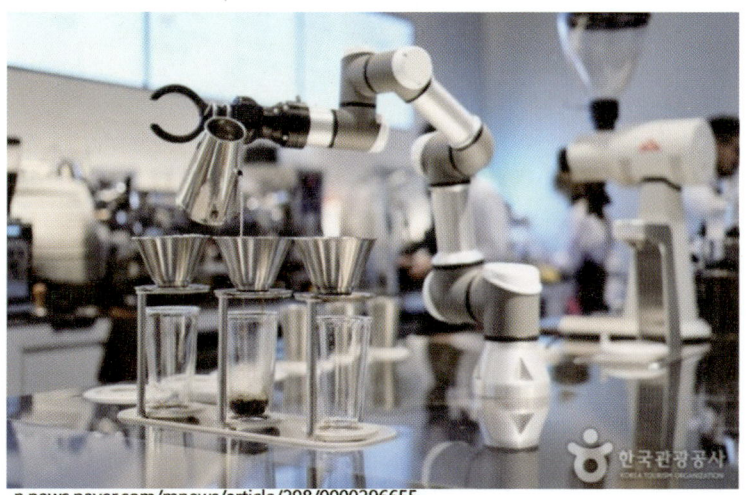

[그림 5-9] 커피를 추출하고 있는 로봇

식당에서 주문한 음식을 나르는 로봇은 이미 익숙한 풍경이 되었다. 커피매장에서도 로봇들이 커피를 내리고 있고, 치킨매장에서도 로봇이 사람을 대신해 뜨거운 기름 위에서 치킨을 튀기고 있다.

www.koit.co.kr/news/articleView.html?idxno=84896
[그림 5-10] 치킨을 튀기고 있는 로봇

www.slist.kr/news/articleView.html?idxno=340379

[그림 5-11] 호텔 배송 로봇 서비스 화면

호텔업계에서도 서비스 강화를 위해 로봇이 적극적으로 활용되고 있다. 배송로봇은 고객이 요청한 음식, 세탁물, 어메니티 등을 객실까지 안전하게 배송해 준다. 심지어 로봇이 엘리베이터도 자연스럽게 탑승하고 내린다.

https://www.autostoresystem.com/

[그림 5-12] 오토스토어 자동창고에서 로봇이 입출고 작업을 수행하는 모습

www.irobotnews.com/news/articleView.html?idxno=29095

[그림 5-13] 긱플러스 물류로봇이 입출고 작업을 수행하는 모습

물류나 생산현장에서도 인공지능(AI) 로봇들이 활약하고 있다. 과거에도 로봇을 단순한 작업 위주로 활용한 사례가 있었지만 현재 적용되고 있는 로봇들은 생성형AI, 딥러닝 등의 인공지능(AI) 기술들을 통해 좀 더 섬세하고 정밀한 작업까지 가능하다.

출처 : https://news.coupang.com

[그림 5-14] 쿠팡에서 로봇들이 물량을 분류하는 모습

출처 : https://news.coupang.com

[그림 5-15] 무인 로봇이 팔렛트를 자동으로 이동하는 모습

물류에 도입된 인공지능(AI) 로봇들은 규격화된 형태의 물량을 처리하는데 국한되지 않는다. 형태가 일정하지 않은 제품들을 스스로 인식하고 이를 다양한 박스에 분류하고 적재하는 작업들도 비전시스템, 정교한 지능형 그리퍼, 그리고 정밀하게 조정하고 제어하는 인공지능(AI) 덕분에 처리가 가능하다.

앞으로는 인간과 유사한 형태의 휴머노이드 로봇이 대세가 될 전망이다. 이미 테슬라, BMW 등 많은 글로벌 기업들이 인간과 협업이 가능하며 인간과 유사한 동작 수행이 가능한 휴머노이드 로봇들을 실제 제조 현장에 투입하여 성능을 검증하고 있기 때문이다.

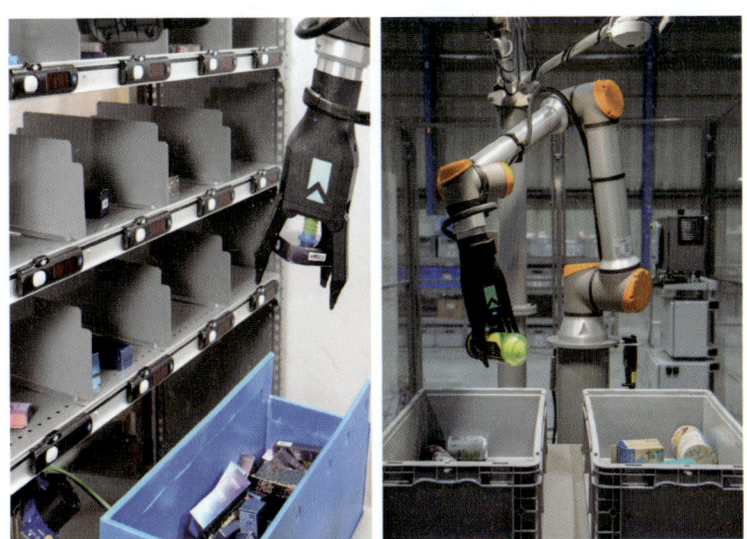

[그림 5-16] AI 기반의 로봇팔 Right Pick System

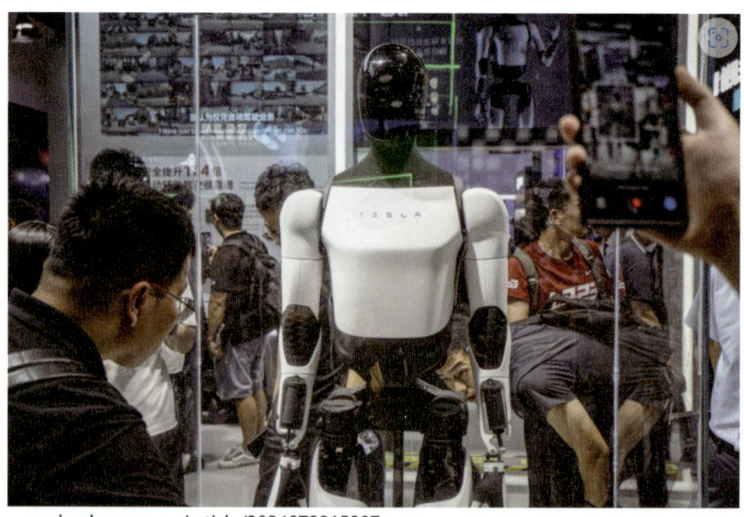

[그림 5-17] 테슬라 휴머노이드 로봇 옵티머스2

[그림 5-18] BMW 휴머노이드 로봇 피규어2

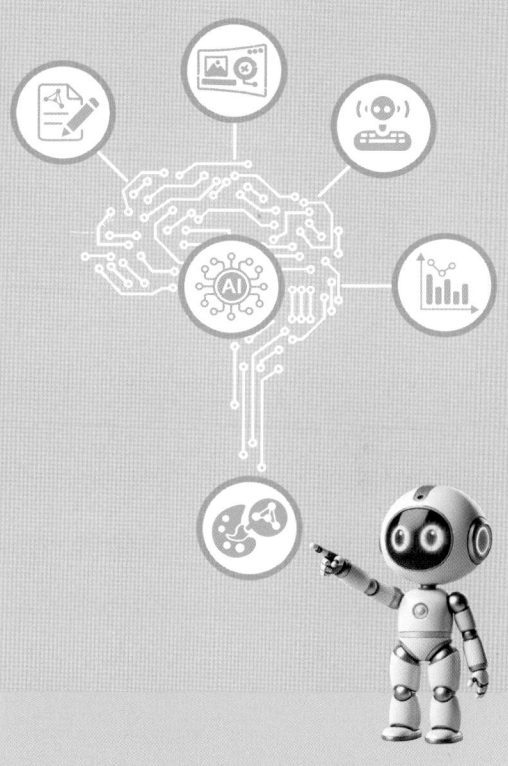

제6장
AI 도입방안

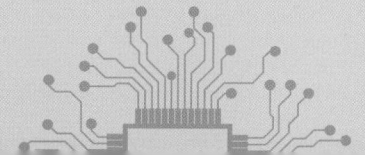

1. 오픈AI가 바라보는 현재 수준평가

인공지능(AI) 분야 중 생성형 인공지능(AI)의 발전은 하루 하루가 다를 정도로 매우 빠르게 변하고 있으며 시시각각 새로운 제품과 서비스들이 발표된다.

2024년 7월 오픈AI는 현재 자신들의 ChatGPT 서비스 수준(레벨)을 총 5단계 중에서 2단계에 머물러 있다고 자체 평가했다. 아직 발전해야 할 부분들이 더 많은 걸음마 단계로 평가한 것이다.

현재의 ChatGPT는 추론가로서 인간수준의 문제 해결 능력을 보유하였지만 인간을 대신하여 자율적으로 새로운 업무를 책임감 있게 수행하는 수준에는 아직까지 미치지 못한다고 평가한 것이다.

< 오픈AI 자체 내부평가 현재 수준 >

1단계 : 챗봇(Chatbots)으로 인간과 대화를 통해 상호작용
2단계 : 추론가(Reasoners)로서 인간 수준의 문제해결 능력을 보유
3단계 : 대리인(Agents)으로 인간을 대신해 며칠간 작업을 수행
4단계 : 혁신자(Innovators)로 새 혁신을 제시할 수 있는 능력
5단계 : 조직업무를 수행할 수 있는 수준

www.hitech.co.kr/news/articleView.html?idxno=33615

[그림 6-1] 오픈AI 의 현재 수준 평가

현재 단계에서는 사람의 질문을 수동적으로 대응하는 제한적인 서비스 레벨이다. 앞으로 인공지능이 발전하면서 우리의 삶과 비즈니스에 어떠한 엄청난 변화를 줄 것인지 궁금할 뿐이다.

2. 저자가 평가하는 인공지능 수준

저자 역시 인공지능(AI)의 수준을 총 5단계로 정의하였다. 과거 전통적으로 수행해 왔던 '자동화(Automation)' 영역부터 '분류형 AI', '수동적인 생성형AI', '능동적인 생성형 AI' 그리고 최종단계인 '자율형 통합 AI' 단계이다.

인공지능(AI)의 활용이 개인적이고 범용적인 영역에서는 매우 적극적으로 활용되고 있지만 상대적으로 기업 비즈니스 영역에서는 활용도가 다소 떨어지는 편이다.

오히려 기업현장에서 첨단기능인 인공지능(AI)을 가장 먼저 도입할 것으로 예상되었지만 아직 충분히 검증되지 않은 기술 영역이기 때문으로 판단된다. 즉, 시행착오와 높은 비용 부담이 주요 원인으로 활용도가 떨어지는 것으로 추정된다.

〈표 6-1〉 저자 관점에서의 AI 현재수준 평가

단계		설명/예시
1단계	프로그래밍 기반 자동화	-고정된 규칙과 절차에 따라 작업을 수행하는 자동화 시스템 -예)공장에서의 단순로봇, 금융 자동거래 등
2단계	분류형 AI	-데이터를 분류하거나 예측하는 모델로 지도학습 등이 필요함 -예)스팸 필터링, 이미지 분류, 신용점수평가, 불량검사 등
3단계	수동적 생성형 AI	-사용자의 입력에 따라 텍스트나 이미지를 생성하지만 주도적으로 행동하지는 않음 -예) GPT를 사용한 텍스트생성, DALL-E를 사용한 이미지 생성
4단계	능동적 생성형 AI	-특정 목표를 가지고 사용자와 상호작용을 하면서 작업을 수행하거나 제한적인 의사결정을 내림 -예) 고객서비스 챗봇
5단계	자율형 통합 AI	-복합적인 상황에서 자율적으로 행동하고 여러 작업을 통합 수행하며 사용자의 관여없이 독립적인 의사결정을 내림 -예) 자율적인 가정용 로봇(청소, 요리 등)

일반 범용적인 영역에서는 이미 3단계의 영역인 '수동적 생성형 AI'단계에서 인공지능을 적극적으로 활용하는 것으로 평가된다. 아이디어를 발굴하고 소설을 쓰거나 각종 문서, 이미지를 자동 생성하는 창의적인 분야에서 빠르게 확산되고 있다.

기업 비즈니스 영역에서는 일부 개인이 OA업무나 기획, 아이디어 발굴 등 적극적으로 활용하기 위해 노력하고 있지만 여전히 선택적이고 한정적으로 활용되는 경우가 많은 것 같다.

고성능의 인공지능 시스템은 유지 관리에 높은 비용과 노력이 수반되기 때문에 업무의 특성과 현실에 적합하게 합리적이고 선택적으로 활용되는 경향이 높은 것으로 판단된다.

3. AI 거품론

2022년 11월 혜성처럼 등장한 OpenAI의 ChatGPT는 전세계 사용자들에게 엄청난 이슈와 혁신을 보여 주었다. 이후 글로벌 빅테크 기업들은 보다 새롭고 획기적인 인공지능(AI) 서비스를 지속적으로 발표하며 기업의 사활을 걸고 있다.

하지만, 이러한 서비스들은 사용자들로 하여금 새로움과 호기심을 자극하고 있지만 실제 기업 비즈니스 분야에서는 여전히 효율성과 효과성에 의문을 제기하는 양면성이 존재하는 것도 사실이다.

인공지능(AI)을 활용하면 도움이 된다는 생각은 있지만, 결정적으로 꼭 인공지능(AI)를 도입 활용해야 하고 획기적으로 생산성을 극대화할 수 있는 킬러 어플리케이션이 부족하다는 것이다.

불확실한 효과성과 효율성 때문에 유료로 구독료를 지불하는 서비스보다 무료서비스를 선호하는 경향이 여전히 높다. 설령, 유료 구독 서비스를 이용한다고 하더라도 경쟁력 있는 새로운 서비스가 출시되면 언제든지 새로운 서비스로 갈아타는 상황이다.

오픈AI, 구글 그리고 앞으로 서비스 예정인 애플도 월 구독료 서비스를 계획하고 있다. 대부분의 빅테크 업체들이 개인당 10달러에서 20달러 내외의 구독 서비스를 유일한 수익 모델로 채택하고 있다.

네이버 등의 국내기업들도 일반 사용자들을 대상으로 무료서비스에 머무르고 있다. 일부 기업 고객들에게 클라우드 형태의 서비스 사업을 펼치고는 있으나 아직까지는 성과가 미진한 상황이다.

삼성전자 역시, 스마트폰 온디바이스 기반의 AI 서비스를 무료로 제공하고 있다. 향후 시장 상황에 따라 일부 특화된 서비스부터 유료화 전환 계획이 있지만 언제가 될지 기약은 없는 상태이다.

AI 서비스를 위해서는 막대한 설비투자와 유지보수가 필요하기 때문에 막대한 비용 지출이 필수적인데 위에서 보는 바와 같이 구독료 모델 이외에는 마땅한 수익 모델이 없기 때문에 투자 업계에서 부정적인 시선을 보내고 있다.

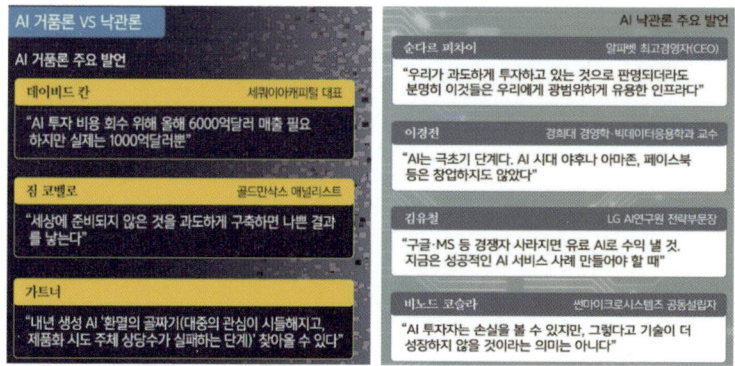

[그림 6-2] AI 거품론과 낙관론 주요 발언

실제 미국 나스닥 시장에서 인공지능(AI)관련 업종의 주가가 급등락을 반복하는 현상이 자주 보고되고 있다. 결국, 불확실한 인공지능(AI) 시장성으로 인해 지속적인 AI 투자에 악영향을 미치고 있는 것이다.

국내 네이버, 카카오 등의 대표 플랫폼 기업들도 초기에는 적극적으로 생성형 AI에 투자를 진행하였지만 최근에는 점차 투자규모가 줄어들고 있는 것으로 알려진다. 이 역시 뚜렷한 수익모델의 발굴이 쉽지 않아 손익분기점을 넘기기 어렵다는 판단 때문일 것이다.

하지만, 어두운 측면만 있는 것은 아니다. 사람들이 AI에 대해 인식하고 적극적으로 활용하려는 노력은 이제 첫 걸음마 단계이다.

처음 자동차가 등장했을 때만 하더라도 자동차는 말이 끌어주는 마차보다 훨씬 느렸다는 점을 기억해야 한다. 자동차는 얼마 지나지 않아 마차를 훨씬 능가하는 속도와 편의성을 제공할 수 있게 되었고, 비싼 수제 자동차는 대량 생산을 통해 경쟁력을 확보하면서 자동차가 말을 완전히 대체하게 된 것을 기억해야 한다.

앞으로 인공지능(AI)이 대중들이 필요한 기능과 성능을 점차 검증받게 되면 자동차와 같이 빠르게 대체될 것이다. 이러한 가능성을 놓치지 않기 위해 국내외 인공지능(AI) 관련 기업들은 보다 장기적이고 전략적인 안목이 필요한 시점이다.

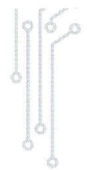

4. AI 워싱(Washing)

인공지능(AI)은 인공지능 거품론 경고에도 불구하고 엄청나게 빠른 속도로 성장한다는 전망이 지배적이다. 지금 막 움트기 시작한 인공지능(AI) 주도권을 누가 확보 하느냐에 따라 국가와 기업의 운명을 결정한다는 뜻이기도 하다.

최근에 개최되는 여러 국내외 전시회를 보더라도 영역이나 분야에 상관없이 모든 분야에서 인공지능(AI)이 화두이다.

이제는 'AI'라는 글자가 포함되지 않은 전시회나 세미나를 찾기가 오히려 힘들다. 모든 기업들이 앞다투어 적극적으로 기업이나 상품, 서비스의 경쟁력 확보를 위해 인공지능(AI)을 기업 경쟁력을 확보할 수 있는 무기로 활용하고 있는 셈이다.

하지만, 과연 전시회에 참여한 수많은 기업들이 인공지능(AI)을 제대로 제품이나 서비스에 접목할 수 있었을까? 라는 의문이 드는 것도 사실이다. 왜냐하면 인공지능(AI)을 적용하기 위해서는 높은 선행 투자와 기술력이 뒷받침되어야 가능하기 때문이다.

[그림 6-3] 인공지능이 그린 AI워싱 이미지

또한, 기존의 통계적인 방법이나 프로그래밍을 통한 자동화(Automation) 결과와 실제 인공지능(AI)을 적용한 결과를 구별하는 것은 무척이나 까다롭고 어렵고 모호하다. 자동화(Automation)과 인공지능(AI)의 경계가 어디까지 인지 명확한 기준을 설정하기가 상당히 어렵기 때문이다.

고객들은 AI를 통해 처리된 결과를 막연히 더 신뢰하고 믿음을 가지는 경향이 높기 때문에 많은 기업들이 엄밀히 AI를 적용하지 않았는데도 적용한 것처럼 과대 포장하고 싶어하는 유혹에 빠지기 쉽다.

AI워싱(Washing)은 인공지능(AI)과 무관한 기업들이 마치 AI를 활용한 기술 경쟁력을 확보한 듯이 홍보하고 이를 통해 투자나 영리를 추구하는 것을 말한다. 실제 미국 증권거래위원회(SEC)에서는 2023년 12월경 기업들에 AI워싱을 하지 말라는 경고를 하였으며 이미 일부 기업들은 벌금을 부과 받기도 하였다.

기업들은 AI워싱이 당장은 기업의 홍보나 기업가치를 높이는 데 기여할 수는 있겠지만 장기적으로는 소비자들의 신뢰를 훼손하고 기업의 투명성에 악영향을 끼칠 수 있다는 점을 유념해야 한다.

제품이나 서비스를 활용하는 소비자 역시 어떤 AI모델을 어떻게 도입하고, 어떻게 활용하며, 인공지능에 대한 효과성은 어떠한지를 충분히 검토하고 고민하는 노력을 해야 한다.

5. AI 리스크와 대응방안

AI를 사용하면서 많은 효과들을 누릴 수 있지만 이로 인해 발생될 수 있는 리스크에 대해서도 고민하고 관심을 기울여야 한다.

인공지능(AI) 리스크는 가짜정보, 개인정보를 포함한 정보유출, AI의존성, AI독과점에 따른 피해 그리고 환경문제가 대표적이다.

1) **가짜정보** : 모든 사용자들이 AI를 좋은 의도로 사용한다면 문제가 없겠지만 악의적인 의도로 가짜뉴스, 영상, 사진, 음성 등을 크게 노력하지 않고도 쉽게 생성하여 범죄 등의 목적으로 악용하는 경우를 많이 볼 수 있다. 아직까지 AI가 사용자의 나쁜 의도를 파악하기에는 무리가 있기 때문이다.

가장 빠른 예방책은 이용자가 불법적인 의도로 사용하지 않도록 주의를 기울이고, 사회적인 공감대 조성, 법적인 처벌 규정을 강화 등 다양한 노력이 필요하다.

2) **정보유출** : AI가 제대로 역할을 수행 하려면 많은 양의 학습데이터가 필요하다. 초창기에는 학습데이터를 생성하거나 활용되는 기준이 명확하지 않다 보니 무단으로 콘텐츠를 사용하거나 개인정보가 활용되는 경우가 많았다. 최근 인공지능(AI)의 데이터 활용과 관련하여 개인정보나 상용 콘텐츠를 학습에 이용했을 경우 보상 사례 등이 구체화되는 추세이다.

3) **AI의존성** : AI에 사용자의 감정을 직접 이입하여 대화하거나 모든 업무들을 AI로 처리하려는 경향들이 강해지고 있다. 이로 인해 AI의존성이 나타나고 중독현상을 일으키는 경우가 있다. AI를 이용하는 사용자들은 AI가 인간에게 도움을 주는 도구로 인식하는 자세가 필요하며 지속적인 교육 등 다양한 공존 방안이 필요하다.

4) **AI독과점** : 생성형 AI는 미국, 한국, 중국, 이스라엘 정도의 나라에서 일부 기업만이 개발할 수 있을 만큼 대규모 투자와 기술장벽이 존재하는 분야이다. 문제는 일부 몇 개의 AI 기업들이 독과점할 경우에는 서비스에 대한 일방적인 가격 인상 등 불공정한 시장환경이 조성될 가능성이 매우 높다. 스타트업 기업 등을 적극 발굴 및 지원하고 오픈소스 모델 확산 등의 노력이 필요하다.

5) **환경파괴** : 사람의 뇌가 생각하려면 수십 와트 정도의 전력으로 가능하지만 인공지능(AI)은 수천 배 이상의 막대한 에너지가 소비된다. 또, 서버, 스토리지와 같은 IT인프라들의 폐기물도 기하급수적으로 증가될 것으로 예상된다. 앞으로 인공지능은 화석 에너지에서 벗어난 친환경 재생에너지의 전환과 효율적인 에너지 사용 노력이 필요하다.

<표 6-2> AI 문제점 및 대응방안 정리

구분	주요내용	대응방안
가짜정보	-가짜뉴스, 딥페이크 등으로 혼란야기, 신뢰 저해 -예) 특정정치인 얼굴을 합성하거나 음성을 합성	-AI모델 편향성, 불법성 예방 학습 수행 -이용자 교육 및 처벌규정 등 마련
정보유출	-AI학습에 사용되는 개인정보 유출, 프라이버시 침해 -불법적으로 상용 컨텐츠 정보 활용 -예) AI스피커를 통한 개인대화 수집 및 분석 -예) 사전 동의를 구하지 않고 신문사 컨텐츠 수집 활용	-강력한 개인정보 보호법 마련 -AI 활용에 따른 컨텐츠 보상 및 관리 기준 마련
AI 의존성	-AI에 과도한 의존, 맹신으로 판단력, 창의력 저해 -예) 모든 과제 및 보고서를 AI로 생성 -예) AI챗봇 등의 서비스 절대적 의존	-AI에 의해 생성되었는지 표시 -AI의존성 예방 교육
AI 독과점	-소수의 AI기업의 시장을 지배, 불공정 경쟁 심화 -예) 특정 플랫폼의 독과점으로 인한 서비스 가격 인상	-다양한 AI기업 성장 지원 -오픈소스 모델 공유 활성화
환경파괴	-AI개발 및 운영에 따른 막대한 에너지 소비 -서버 등 전자 폐기물 증가	-에너지 효율적인 AI모델 개발 -친환경 에너지 활용 AI 시스템 운영

6. AI 도입 및 활용

일반사용자들은 이미 만들어진 범용 인공지능(AI)모델을 활용하는데 집중하는 경향이 높지만, 기업들은 자신의 특화된 서비스나 문제를 해결하기 위해 특화된 인공지능(AI)을 활용하기를 원하기 때문에 도입 및 활용 방안에 있어서도 다소 차이가 있다.

먼저, 일반 사용자들이 범용 AI를 활용하기 위한 주요 프로세스에 대해 살펴보자.

〈표 6-3〉 일반사용자 범용AI 활용 주요 프로세스

구분	주요내용	예시
1단계 문제정의	-해결하고자 하는 문제를 명확히 파악	-PPT자료를 효과적으로 만들고 싶다 -외국어 문서를 빠르게 번역하고 싶다
2단계 AI선택	-문제해결에 적합한 AI도구 탐색	-ChatGPT -Gamma.app 활용
3단계 학습및적응	-선택한 도구의 사용법 숙달	-매뉴얼, 커뮤니티활용, 직접 실습
4단계 실제활용	-AI를 활용하여 문제 해결	-AI로 질의답변, 번역 수행
5단계 평가개선	-결과 분석 및 개선점 도출	-생성된 컨텐츠 검토 -좀 더 나은 결과를 위해 추가 입력 제공

문제를 정의하고 어떤 AI를 선택한 후 어떻게 활용해야 할지 실습이나 매뉴얼 등을 활용하여 학습하고 실제 적용 후 개선방안을 지속적으로 반영하면서 완성도를 높여 나가는 절차를 수행하는 방식으로 도입하는 것이 일반적이다.

기업에서 도입 활용할 경우에는 다음과 같은 사항들을 충분히 검토하고 해결하는 노력이 선행되어야 한다.

- 너무나 빠르게 변화하는 인공지능(AI)
- 기업 데이터 실시간 결합 필요
- 기업의 성공적 AI활용모델 및 성공사례 부족
- 원하는 성능과 지연시간 등이 충족 필요
- 신뢰성과 보안성 확보 필요

1) **너무나 빠르게 변화하는 인공지능(AI)** : 최근 화두가 되고 있는 생성형AI는 너무나 빠르게 새로운 모델과 서비스가 만들어지고 있다. 기업에서 특정 최신 생성형AI를 기반으로 어떤 서비스를 만들고 상용화를 진행할 때에는 이미 그 모델은 과거의 모델이 되어 있는 경우가 많다.

2) **기업 데이터 실시간 결합 필요** : 기업의 AI는 단순히 잘 훈련된 AI모델로는 서비스가 어렵다. 실시간으로 발생되는 기업데이터를 반영하지 않으면 제대로 된 서비스가 어렵다. 기업의 실시간 데이터를 AI가 지속적으로 연계 및 활용 하는 세부 방안이 필요하다.

3) **기업의 성공적 AI활용모델 및 성공사례 부족** : AI서비스가 아직까지는 제대로 검증되고 활용되고 있는 사례가 부족한 것이 현실이다. 기업들은 이미 검증된 서비스 모델을 기반으로 빠르게 확산하는 것을 원하는 경우가 많은데 상대적으로 범용서비스에 비해 검증된 서비스 모델이 부족한 것이 현실이다.

4) **원하는 성능과 지연시간 등이 충족 필요** : AI서비스는 복잡한 연산 처리 절차를 거치기 때문에 처리에 따른 응답시간이 느린 경우가 많다. 물론, 충분한 IT 자원을 투자한다면 극복할 수 있겠지만 이에 따른 투자 비용이 부담이 아닐 수 없다.

5) **신뢰성과 보안성 확보 필요** : AI서비스가 상용화된지 얼마 되지 않았기 때문에 아직까지 충분한 신뢰성을 확보했다고 보기는 어렵다. 게다가 기업의 중요한 데이터를 학습하고 활용하기 때문에 보안을 확보하면서 AI 서비스를 수행하기에는 많은 어려움이 상존한다.

위의 다양한 문제나 고려사항들을 검토하고 도입 및 활용하기 위한 프로세스를 요약하면 다음과 같다.

어떤 서비스를 AI에 적용할 것인지 목표설정을 하는 것이 가장 우선적으로 해야 할 일이다. 그리고, 이 서비스에 필요한 데이터와 처리 기준 등을 명확화 해야 한다. 이후 적합한 AI 모델을 선택하고 이를 개발하는 절차를 거쳐야 한다.

기업의 인공지능(AI) 서비스는 신뢰도나 안정성이 필수적이기 때문에 충분한 테스트와 검증을 거친 후 실제 운영을 해야 한다. 당연히 운영 전후 ROI 분석이나 사용자 피드백 등을 통해 기능을 지속적으로 개선하는 노력 또한 필요하다.

〈표 6-4〉 기업에서 AI 활용 주요 프로세스

구분	주요내용	예시
1단계 목표설정	AI도입을 위한 구체적인 목표 설정	생산성향상, 비용절감, 새로운 서비스개발 등
2단계 데이터준비	AI학습에 필요한 데이터 수집 및 정제	고객데이터, 생산데이터 등
3단계 모델선정	문제해결에 적합한 AI 모델 선정 또는 개발	챗봇, 예측모델, 이미지인식모델 등
4단계 시스템구축	AI 모델을 실제 환경에 적용하기 위한 시스템 구축	클라우드 환경에서 실제 시스템 개발
5단계 테스트검증	개발된 시스템의 성능 검증	정확도, 속도, 안정성 평가
6단계 도입운영	실제 업무에 AI 도입 및 운영	기존시스템과 연동, 지속적인 관리
7단계 성과측정개선	AI 도입효과 측정 및 개선방안 모색	ROI분석, 사용자피드백 수렴 등

또한, 기업들이 인공지능(AI)을 적극적으로 활용하기 위한 다양한 정책이나 방향성 또한 매우 중요하다.

정부에서는 기업들이 AI를 적극적으로 도입할 수 있는 다양한 프로그램과 지원정책을 제공하고 기업에서는 최고데이터책임자(CDO) 임명 등을 통해 경영진 차원에서 AI전략을 수립 및 리더쉽 확보하고 명확한 방향성을 기반으로 추진해야 한다.

<표 6-5> 기업 AI 활성화를 위한 주요 활동

구분	주요내용	예시
정부지원	-기업 데이터 활용 촉진 정책 마련 -AI 관련 활성화 법규 도입	-AI기업 지원 프로그램 마련
CDO도입	-최고데이터책임자(CDO)임명을 통한 AI전략 수립 및 추진 리더쉽 확보	-AI도입 의지 및 교육 강화, CDO 임명
클라우드 육성	-활용도 높은 오픈소스 AI 모델 발굴 -비용 경쟁력 높은 클라우드 육성	-클라우드에서 개발 및 운영
사례공유 확산	-AI 성공적 활용에 대한 인식 개선	-AI성공사례 공유활동
하이브리드AI 적용	-개인 또는 사무생산성과 기업 제품서비스 -이원화 접근	-범용AI : 사무업무 적극적 활용 -전용AI : 기업의 제품 및 서비스 적용

위드클라우드 출간 도서

01 WMS원리와 이해
김정현, 이만조 공저

물류의 기반 시스템인 WMS 시스템을 보다 쉽게 이해하고 활용할 수 있는 실무서이다.

최근 물류 환경은 글로벌화, 맞춤형 유통체제, 대형 유통기업의 등장, 홈쇼핑 및 인터넷 쇼핑 등의 전자상거래 활성화로 인하여 기업의 핵심 역량으로서 물류 부문의 지속적인 개선과 적극적인 투자를 진행하고 있다.

여러 물류 시스템이 존재하고 있지만 그중에서도 WMS(창고관리) 시스템은 물류 프로세스의 기반을 다루고 있는 만큼 가장 중요하고 우선적으로 도입 활용하고 있다. 이 책은 물류를 배우고자 하는 독자들이나 실무자들에게 WMS의 기본 개념부터 시스템이 구동되는 원리를 알기 쉽게 제공 하고 있다.

02 MS SQL Server 기본에서 실무까지
김정현, 유옥수 공저

4차 산업혁명이라 불리는 AI를 활용하여 빅데이터 분석이나 인공지능(AI) 그리고 음성을 알아듣고 말하는 AI 스피커, 자동화 로봇, 자율 주행 등 수많은 최신 기술들이 실생활에 파고 들고 있다.

최근 부각되고 있는 최신 기술을 구현하기 위해서는 방대한 양의 데이터를 빠르게 처리하고 분석하는 것이 무엇보다 중요하다. 4차 산업혁명을 효과적으로 준비하기 위해서는 데이터를 잘 다룰 수 있어야 하며 이를 가능케 하는 강력한 도구 중 하나가 데이터베이스 기술이다.

이 책에서는 데이터베이스의 기본적인 기능은 물론 데이터베이스의 핵심 기능으로 부상하고 있는 저장 프로시저를 기반으로 한 프로그래밍 개발 방법에 중점을 맞추고 있다. 데이터와 데이터베이스의 특성을 활용하여 어떻게 프로그래밍 할 것인지를 예제와 더불어 구체적으로 제시하고 있다.

위드클라우드 출간 도서

MS SQL과 엑셀VBA로 만드는
판매재고 관리시스템 03
김정현, 유옥수 공저

엑셀은 실무자들에게 없어서는 안 될 획기적인 오피스 도구이다. 사용자가 눈으로 확인하면서 각종 데이터분석이나 보고서를 뚝딱 만들어 낼 수 있다. 하지만, 실시간으로 변경되는 데이터를 공유하기 힘들고 대용량 데이터를 분석하기에는 어려움이 많다. 데이터베이스는 엑셀의 이러한 문제점을 극복하기 위한 좋은 대안이다.

이 책은 데이터베이스와 엑셀 VBA를 활용하여 저자가 설계하고 개발한 판매재고관리 시스템을 독자들도 같이 만들어 보면서 어떻게 시스템을 구축해야 하는지의 기법들과 프로그래밍 기술을 익히고 이를 응용하여 실무에 적용할 수 있도록 응용력을 기르는 데 목적을 두고 있다. 또한 독자들이 스스로 각종 업무시스템을 개발할 수 있도록 개발 방법을 설명하고 실무에 활용 할 수 있는 무료 소스코드를 제공한다.

엑셀로 만드는
WMS(물류창고관리시스템) 04
김정현, 박종석 공저

이 책은 데이터베이스와 엑셀 VBA를 활용하여 저자가 설계하고 개발한 WMS 시스템을 독자들도 같이 만들어 보면서 어떻게 시스템을 구축해야 하는지의 기법들과 프로그래밍 기술을 익히고 이를 응용하여 실무에 적용할 수 있도록 응용력을 기르는 데 목적을 두고 있다.

저자는 "모방은 창조의 어머니"라는 말을 좋아한다. 저자는 주로 새로운 시스템이나 기술들을 습득하는 데 있어서 매뉴얼을 보고 하나씩 배우는 것보다는 이미 만들어져 시스템의 소스 코드나 체계들을 분석(벤치마크)하여 내가 원하는 시스템을 만드는 방법을 선호한다. 영어를 잘하고 싶으면 영어 문법책을 열심히 공부하는 것보다는 직접 영어권 사람들과 대화를 하거나 아예 그 나라로 가서 영어를 배우는 것이 빠른 것과 비슷한 이치다.

데이터베이스나 엑셀 VBA에 대해 잘 모르는 독자라도 우선 WMS시스템이 정상적으로 돌아갈 수 있도록 설치하고 하나씩 하나씩 뜯어보면서 내 것을 만들기를 권장한다.

1판 1쇄 발행 2024년 12월 16일

지은이	김정현 (kjh105208@naver.com, jhk9022@asetec.co.kr)
	박종석 (jspark@asetec.co.kr)
펴낸이	최봉은 (rainsun@widcloud.com)
제작자문	이동규 (dklee@themorenet.com)
디자인	남연정 (youn704.nam@gmail.com)
펴낸곳	위드클라우드
출판등록	제406-2019-000082호
등록일자	2019년 7월 30일
주　소	경기도 파주시 능안로 37 한라 113-1001
ＩＳＢＮ	979-11-970240-4-7
정　가	20,000원

이 책은 저작권법에 따라 보호받는 저작물이므로 무단 전제와 복제를 금하며 이책의 전부 또는 일부를 이용하려면 저작권자와 위드클라우드의 서면 동의를 받아야 합니다.